1850
Georgia Mortality Schedules
of
Georgia

Compiled by:
Aurora C. Shaw

Southern Historical Press, Inc.
Greenville, South Carolina

Copyright 1971 by:
Aurora C. Shaw
New Material Copyright 1982:
Southern Historical Press, Inc.

All rights reserved. No part of this publication may be reproduced, stored in a retrieval system or transmitted in any form or by any means without the prior permission of the publisher.

SOUTHERN HISTORICAL PRESS, INC.
PO BOX 1267
Greenville, SC   29601

ISBN #978-0-89308-214-7

Printed in the United States of America

1850 GEORGIA MORTALITY SCHEDULES
Introduction

This INDEX was arranged alphabetically as a typescript, later microfilmed to precede the 1850 Mortality enumeration on the microfilm reel. This index is as found on the reel. It includes, or should include all white persons who died during the one year period ending 1 June 1850.

Following the index we have the slave owner list. These were taken from the Mortality Schedule when a slave was identified by his owner's name.

Please note that the transcription of the remaining total of 43 pages may not always agree with the index. The compiler attempted to carefully study and decipher each name, without using the previous conclusions reached by the index compilers. Some of the handwriting is practically impossible to read. A study of the 1850 regular census is recommended when a name of importance is found herein. Unnamed or unidentified infants are omitted.

We have shown for each person listed, white only, the information as to name, age, sex, place of birth, and whether married or widowed. Sometimes the information was not known to the enumerator, and sometimes there is an evidence of carelessness especially in giving the marital status. We also give the month of death where this is shown.

The Mortality Census does give also, in most cases, as well as the color and whether free or slave, the profession (not too often though), disease and number of days ill.

The common causes of death were diarrhea, fever of various types, drinking, old age (even at 38 years or 100 years); childbed; eating ulcer; overstrain; croup; cancer; worms; gastritis; accidental deaths which were "sudden" such as killed; suicide. There were also included dropsy, pneumonia, fits, apoplexy, whooping cough, poison, consumption; teething, rupture, scurvy; "Purtupis"; "Chronic"; overheat, "renetis", croup, infantia, brain fever; etc.

Among the occupations listed were farmer, planter, gardner; clerk, stage driver, bridge keeper; soldier, peddler, jeweller; physician, well digger, overseer, cooper, livery stable keeper, shoemaker; lawyer, asylum attendant; USN "Sergon"; ship carpenter; millwright; waggoner; "mine"; "pauper"; littery booker, editor; tavernkeeper, retailer of spirits (liquor, also); hunter, blacksmith, ditcher, ploughman, r.r. engineer, steam captain, seaman, etc.

Clergymen so identified were Peterson Black (Preacher); Merida Scruggs, Baptist; Elijah Mallard, Methodist; John Fulwood; Matthew Albritton, Primitive Baptist; Stephen W. Ernest, Methodist; Isaac Boring, "minister"; Obadiah Mayfield, Baptist; Isham Peacock, Baptist.

Doctors, M.D., Physicians: Edward Fullwood, Charles Rogers, Charles Bailey, John B. Fisher, Moses Sheftall, Wm. A. Terrell, Henry Collier, John A. Reeves, Langdon Quinn, Dr. J. Stokes, Andrew L. Paul, Augustus Baldwin, George Cook, Tomlinson F. Moore, Samuel Skeley.

Most of the enumerators made statements about the healthiness of the county, the soil conditions, the prevalent disease or lack of same; while even county formation history is given in at least one summary.

1850 GEORGIA MORTALITY CENSUS

NAME, AGE, SEX, STATE BORN, MO. OF DEATH, MARRIED/WIDOWED

APPLING COUNTY (Page 1)

Roberson, Elizabeth
    53 F SC Jan W.
Graham, John
    45 M NC Jan M
Mozo, Christian
    80 F Ga Aug W
Dyal, Nancy
    19 F Ga Jul M
McDuffee, Duncan
    61 M NC Mar M
Sellers, Sebron
    8/12 M Ga Aug
Meadows, Nancy C.
    30 F Ga Jul M
Taylor, Moses C.A.
    7 M Ga Apr
Willson, Thomas
    66 M NC Dec M
Ogdon, Jane
    5 F Ga Oct
Jackson, Henry
    14 M Ga Jan
Moody, Jane
    5 F Ga Oct
Morgan, Roxy L.
    10 F Ga May
Middleton, Delila
    17 M Ga Aug M
Carter, Liddia
    80 F Ga May M
Chancey, Christopher
    1 M Ga Dec
Arnott, Desenia
    8 F Ga Sep

2 Male Infts., 1 fem., names unkn.

BAKER COUNTY (Pages 3, 5, 7, 9)

Platt, John Henry
    9 M Ga Oct
Wingard, Alexr. Jasper
    6 M SC Jul
Greer, Archibald T.
    7/12 M Ga, Albany Aug
Ollivant, Josiah
    32 M Ga   M
Alexander, Wm.
    5 M Ga Apr
Faircloth, Mrs. Elizabeth
    48 F Ga Apr M
Wolly, John Walker
    1-2/3 M Ala Sep
Sheppard, Jno Victora
    3 M Ga Aug
Mock, Rhoda
    16 F Grmny. Nov
Bishop, Maseph
    20 M Ga Jun
Hampton, Mrs. Wilantha
    36 F Ga Jul M

Knowles, Nancy E.
    3/12 F Ga Jul
Knowles, Catherine J.
    2 F Fla Jul
Sims, Nancy George
    3 F Ga Oct
Childers, Ada R.
    1 F Ga Sep
Faircloth, Mary F.
    4 F Ga Jul
Orr, Miss Rebecca
    10 F Ga Nov
Orr, Lydia
    5 F Ga Nov
Wheeler, Caroline
    1/12 F Ga, Albany Aug
Kitchens, May E.
    6/12 F Ga Aug
Dramon, Daniel
    45 M Ire Jul
Sauls, Elizabeth
    30 F SC Apr
Sellers, Elijah Infant
    1/12 M Ga Sep
Perry, Riley Oliver H.
    22 M SC Jan
Sellers, Vianna
    1 F Ga Aug
Gregory's Infant
    1 M Ga Oct
Campafield, Miss Emily
    13 F Ga Jun
Duffer, Barbary Ann
    25 F Ga Apr
Davis, Laura Ella
    5 F Ga Sep
Black, Mrs. Mary
    45 F NC Jul M
Davis, Mrs. Kesiah
    74 F SC Jul M
Smith, Elisha
    58 M SC Jan M
Smith, John Irvin
    15 M Ga Jul
Smith, Thomas Carroll
    14 M Ga Oct
Kents Infant
    M Ga Oct
Kents Infant
    M Ga May
Williams, Adaline
    4/12 F Ga Aug
McNeil, Geo. Wash.
    1/12 M Ga Feb
Teddlie, Miss Elizabeth
    14 F Ga Jan
Sheffield, Miss Mary M.
    13 F Ga Oct
Richardson, Mrs. Sarah
    21 F Ga Apr M
Taylor, Wm. David
    2 M Ga Jan
Sexton, Henry A.
    3/12 M Ga Jan

Burke, William
    47 M Ga Feb M
Griffin, Henry R.
    40 M Ga Feb M
Pearce, Thomas
    17 M Ga May
Calhoun, Elizabeth
    9/12 F Ga Oct
Smith, Lucy Ann
    4 F Ga Apr
Oliver, H.P. Riley
    24 M SC Jan
Cobb, Wm. L.
    18/12 M Ga Feb
Teddlie, Elizabeth
    16 F Ga Jan
McNeill, George
    4/12 M Ga Mar
Drinkwater, Martha
    54 F Ga Sep
Murphy, David
    2 M Ga Feb
Richardson, Sarah
    22 F Ga Apr M
Hooks, Barbara
    25 F Ga Mar M
King, Anna
    6 F Ga Jun
King, Michael
    36 M Ga Jun M
Ledbetter, James K.
    8 M Ga Sep
Ledbetter, Betty C.
    2 F Ga Oct
Orr, Rebecca L.
    11 F Ga Nov
Orr, Celia Jane
    7 F Ga Nov

(Notice some duplications)

BALDWIN COUNTY (Pages 12, 13, 16)

Bounen, Sarah Anne
    36 F Mass Jun
Tinsley, Charles
    3/12 M Ga Jun
Chaney, Mary A.
    50 F Ga Oct
Infant of Mr. Wall
    M Ga Sep
Owens, John E.
    1/12 M Ga Jun
Lavender, Michell
    2 M Ga Jul
Denton, Mary A.
    39 F Ga Jul
Hendrick, Frances W.
    F Ga Oct
O'Brien, James
    56 M Ire Nov M
Willson, H.M.
    47 M Ga Jun M
Smith, Mariah
    40 F Ga Jun
O'Neal, Mary J.
    28 F Ga Jun
Castil, John H.
    28 M Ga Jul

Black, Peterson
    46 M SC Jul M
Brown, Silas
    37 M Ga Aug M
Miller, Jesse
    26 M Ga Aug M
Pierce, Maranda
    24 F Ga Aug
Usher, Mary A.
    31 F Ga Sep M
Pierce, Riley
    22 M Ga My
Lee, Mary
    36 F Ga Sep W
Crane, Joel A.
    35 M SC Sep M
Fox, David
    50 M Grmy Dec
Clark, Gibson
    64 M Ga Feb
Gandy, Jesse T.
    3/12 M Ga Jan
Wood, Wiley J.
    13 M Ga unk.
Leonard, Charles
    1 M Ga Sep
Rowell, Oregon
    2 M Ga Apr
McCoy, Patience
    37 F Ga Jun M
Proper, Jesse
    25 M Ga Oct
Goodwin, Caroline
    28 F Ga Feb M
Leonard, James Infant
    1/12 F Ga Feb
Butts, E.M.
    3/12 F Ga Aug
Whitaker, Mary
    59 F SC Jun W

(See remainder Baldwin after Bryan)

BIBB COUNTY (Pages 17, 20, 21, 25, 28)

Fullwood, Dr. Edward
    40 M Ga May
Clinch, Gen. D.S.
    67 M NC Nov
Patterson, Infant
    1 F Ga Ga Jun
Kent, John
    30 M Eng Aug
Benson, Elizabeth
    24 F NY Jul
Benson, J.W.
    1/12 M Ga Jul
Patrick, John
    1 M   Aug
Wood, Augusta
    24 F Ga Mar
King, Hiram B.
    35 M NJ Feb
Strobel, Benj. B.
    7/12 M Ga Sep
Infant Aderhold
    M Ga May
Infant Hagabook
    7/12 M Ga Dec

Randolph, Eliza M.
　　　40 F Ga Dec W
Whitehead, Sarah
　　　9/12 F Ga May
Infant Malsley
　　　1/12 F Ga Jul
Altman, Richard
　　　25 M Ga Nov
Ralston, George
　　　1 M Ga Jun
Dellam, John R.
　　　25 M Ga
Bailey, Ann
　　　33 F NY Feb
Holloman, M.S.
　　　10 F Ga Jul
Infant Rye
　　　1/12 F Ga Sep
Clark, Sarah
　　　1 F Ga Mar
Raney, C.H.
　　　3/12 F Ga Aug
Laning, Joseph
　　　30 M NJ May M
Experience, John
　　　40 M Canada Dec
McMinn, M.J.
　　　2 F Ga Nov
Archy, Joel
　　　7/12 M Ga Jul
Cox, An E.M.
　　　10/12 F Ga Mar
Cox, Teresa
　　　28 F Ga Apr
Landsay, Maria
　　　41 F Va Oct W
Watts, William A.
　　　3/12 M Ga Apr
Cunningham, Robert
　　　77 M SC May W
James, B.
　　　60 M　　May
Lunsford, Enoch
　　　74 M Va Jan
Stubbs, Aurlin (Austin?)
　　　30 M Ga Mar M
Rogers, J.G.
　　　1/12 M Ga Jul
Cash, F.W.
　　　1 M Ala Aug
Smith, Turner
　　　39 M Ga Dec
Bishop, Moses
　　　20 M Ga Aug
Bailey, Ellen
　　　43 F Ga Nov M
Homes, E.
　　　70 F Ga May W
Gillespy, June
　　　48 F Va Jun M
Ludwick, Julia
　　　1 F Ga Jun
Boil, J.W.
　　　1 M Ga Jul
Adams Infant
　　　1/12 M Ga Apr
Toland, James
　　　1/12 M Ga Feb
Deurerse?, William
　　　61 M SC Jan

Lang, Thomas
　　　53 M SC May
Bridges, Nancy
　　　35 F Ga Apr
Massey, James
　　　1 M Ga Nov
Holly, John
　　　41 M NC Feb
Parker, Burrel
　　　6/12 F Ga Aug
McDonald, Mrs.
　　　28 F Ga May
Griffin, Clara
　　　1/12 F Ga Mar
Griffin, Emma
　　　1/12 F Ga Mar
Barnet, J.
　　　60 M NC Sep
Hollingsworth, Henry H.
　　　5 M Ga Sep
Fielder, Elizabeth
　　　72 F Ga May M
McCoy, Ann
　　　65 F SC Aug
Munroe, M.R.
　　　21 F Ga Feb
Ives, Martha
　　　3 F Ga Nov
Morehuese, Eliza
　　　3 F Ga Aug
Hightower, Sarah
　　　72 F NC Feb
Payne, Samuel (Rev. Sol.)
　　　42 M Ga Sep
Gurganis, David
　　　87 M SC Mar
King, Samuel
　　　62 M Ga Mar
Davis, Mary
　　　32 F Ga Jun
Binns, Gus S.
　　　21 M Ga Jan
Riese, Eleth ?
　　　55 M SC Sep
(Blank), Patrick
　　　32 M Ire Nov
Skipper, Vaste
　　　18 F Ga Apr
Hughs, Sarah
　　　70 F SC Oct
Taylor, John
　　　15 M Ga Jul
Perkins, Cessams
　　　48 M Ga Nov
Carder, Vina
　　　17 F Ga Feb
Sanders, Catherin
　　　35 F Ga May
Kerney, Arther
　　　11 M Ga Oct
Grace, James
　　　11 M Ga Nov
Bradley, John
　　　22 M Ga Sep
Chamless, James W.
　　　2 M Ga Oct
Anderson, George
　　　2 M Ga Jan

BRYAN COUNTY (Pages 29, 32)

Banks, Mary
    F Ga Jun M
Butler, Jessie
    77 M NC Dec M
Butler, Sealy
    80 F Va Dec M
Nuomans, Daniel
    2 M Ga Jan
Marsh, Janes
    27 F Ga Oct M
Hart, James
    7 M Ga May
Futch, Thos G.
    2 M Ga Sep
Bashtor, Catherine R.
    3/12 F Ga Feb
Hearn, Elizabeth
    33 F Ga Feb M
Gray, Eliza
    42 F Ga Aug M
Bailey, Kisiah
    22 F Ga Jan M
Nickols, Zoda
    8/12 F Ga Nov
Jones, Sarah
    98 F NC Jul W
Clark, William J.
    52 M SC Dec
Smith, John
    25 M Me Oct
Clark, Delphia H.
    1 F Ga Sep
Bird, Sarah
    80 F Ga Sep W
  (bet. Futch and Bashtor)
Hearn, Mary S.
    6 F Ga Feb
Butler, Mary C.
    3 F Ga Jan
Lewis, Charity
    30 F Ga Jan
McAlister, Geo W.
    60 M Ga Feb M
Turner, S.M.
    29 F Ga Feb
Rogers, Charles
    68 M Conn Nov M
Clay, Thomas S.
    56 M Ga Nov M

BALDWIN COUNTY (Begins Prev. Pages)

Mahone, Zilpha
    70 F Unk Apr W
Bethune, Elizabeth
    28 F Ga Apr M
Jackson, J.
    40 M Ire May
Davis, John B.
    51 M Ga Dec M
Mott, Wm. A. Sr.
    48 M Va Feb M
Nickols, R.J.
    61 M Conn Aug M
Touchtone, Jeremiah
    22 M Ga Feb

Read, Josiah H.
    49 M Ga Mar
Miller, William
    70 M Ga Apr W
Boston, Hannah
    50 F Unk May
Fenn, George W.
    37 M SC Aug

BULLOCH COUNTY (Page 33)

Slator, Samuel
    60 M Ga Dec M
Slator, Elizabeth
    55 F Ga Mar W
Slator, Martha
    14 F Ga
Hagan, Virgil
    2/12 M Ga Apr
Griner, Nancy
    23 F Ga Dec
Newsom, Henry
    15 M NC Oct
Lee, Mary
    13 F Ga Mar M
Beasley, William
    6 M Ga May
Alderman, Missouri
    7 F Ga Oct
Davis, Rebeca
    8 F Ga Oct
Davis, William C.
    2/12 M Ga Nov
Brown, Amey
    43 F Ga Oct
Martin, Caroline
    12 F Ga Dec
Rushing, Eliza
    9/12 F Jul
O'Conner, Daniel
    40 M Ire Dec M
Mobern, John
    70 M Unk Jan
Hendley, Mary
    3 F Ga Feb
Akins, William
    9 M Ga Dec
Kelleher, Patrick
    37 M Ire Oct M
Beasley, William
    7 M Ga Aug

BURKE COUNTY (Pages 35-8,9; 42-3,6,7; 50, 51, 54)

Warnock, Elizabeth
    37 F Ga Apr M
Allen, Sarah Ann
    23 F Ga Nov M
Johns, Sarah
    50 F Ga Feb W
Perry, James D.
    6 M Ga Nov
Pierce, Rebecca
    60 F Ga Nov W
Flanagan, Mary J.
    2/12 F Ga Dec

Koneman, Sarah C.
　　　　　1 F Ga Mar
Barron, William
　　　　　54 M Ga Oct M
Bele, Rufus
　　　　　8/12 M Ga Oct
Skinner, Thomas
　　　　　10 da. M Ga Oct
Hampten, William E.
　　　　　3/12 M Ga
Taylor, George D.
　　　　　40 M Va Jan M
Clarke, Sarah
　　　　　44 F Ga Feb M
Ganey, Benjamin
　　　　　1/12 M Ga Dec
Tindale, Lourania
　　　　　55 F Ga Aug M
Tindale, James
　　　　　65 M Ga Sep W
Tindale, William
　　　　　38 M Ga Oct
Baxter, R. Infant
　　　　　1 wk M Ga Aug
Anthony, Margaret C.
　　　　　4/12 F Ga May
Lewis, Julia
　　　　　23 F Ga Oct
Belsher, A. Infant
　　　　　7 mo
Brinson, Cyprian
　　　　　16 M Ga Apr
Peel, Fereby
　　　　　30 F Ga May M
Brown, Mary A.
　　　　　28 F Ga Jul M
Brown, Mary T.
　　　　　3/12 F Ga Jul
Hill, Gilleem
　　　　　28 M Ga May
Foster, John W.
　　　　　2/12 M Ga Oct
Ponder, Sarah Y.
　　　　　18 F Ga Oct
Mobley, Christopher
　　　　　1/12 M Ga Jul
Hatcher, Ellington
　　　　　9/12 M Ga Oct
Perry, Eliza C.
　　　　　1 F Ga Jul
Perry, Julia C.
　　　　　7/12 F Ga Jul
Lawson, Fannie J.
　　　　　9/12 F Ga May
Springer, Oriman V.
　　　　　5/12 F Ga Jul
Springer, Webster A.
　　　　　1 M Ga Jul
Blount, Leroy
　　　　　1/12 M Ala Oct
Tompkins, James M.
　　　　　15 dy M Ga May
Gaines, Levi
　　　　　31 M Ga Jan
Futrel, Levi
　　　　　21 M Ga Feb
Lewis, Benjamin S.
　　　　　4 M Ga Sep
Lewis, Elam B's Infant
　　　　　2/12 M Ga Sep

Firth, Zachary
　　　　　8/12 M Ga Sep
Oates, John S.
　　　　　3 M Ga Apr
Burnett, Zoe
　　　　　3 F Ga Sep
Rosier, Jane E.
　　　　　30 F Ga Jan M
Whitehead, Mary A.
　　　　　2 F Ga Mar
Roberts, Matison
　　　　　38 M Ga Mar M
White, Daniel
　　　　　58 M SC Mar M
Moore, Daniel L.
　　　　　6 M Ga Jul
Coop (Coos?), Samuel J.
　　　　　6 M Ga Sep
Saxon, Margaret
　　　　　32 F Ga Oct M
Strain, Isaac
　　　　　52 M SC Feb M
Sharpe, William
　　　　　33 M Pa Jan
Jones, James M.
　　　　　24 M Ga Jul
Archer, Thomas
　　　　　2/12 M Ga Dec
Murphree, Emily V.
　　　　　1 F Ga Dec
Inman, Mary E.E.
　　　　　4/12 F Ga Apr
Bunn, Moses
　　　　　1 M Ga Sep
Ham, Martha A.E.
　　　　　8/12 F Ga Oct
Turner, Mourning
　　　　　78 F NC Jul W
Lewis, Eugenia
　　　　　8 F Ga Feb
Lewis, Savannah
　　　　　7 F Ga Feb
Feeley, James
　　　　　40 M Ire Nov
Owens, Elizabeth
　　　　　63 F SC Jan M
Ataway, Paralee
　　　　　6 F SC Oct
Attaway, William W.
　　　　　1/12 M SC Jan
Roberts, John W.
　　　　　5/12 M SC Jul
Clark, Elizabeth
　　　　　29 F SC Aug M
Martin, Ann E.E.
　　　　　11 F SC May
Ward, Mary
　　　　　21 F Ga Mar
Weathersly, William
　　　　　31 M SC Feb M
Nelson, Julia V.
　　　　　1 F Ga Feb
Sapp, Everett
　　　　　46 M Ga Oct M
Dodd, Jane
　　　　　35 F Ga Jun M
Darlington, Martha
　　　　　43 F SC Apr W
Hankerson, Wm B's Inf.
　　　　　3 da M Ga Apr

Godbee, Palmyra V.
                2 F Ga Mar
Godbee, James H.
                76 M Ga Oct W
Wilkins, Mary
                2 wk F Ga Aug
Roe, Joseph A.
                33 M Ga Feb M
Hillis, William P.
                1/12 M Ga Jun
Roe, Elizabeth
                5 F Ga Nov
Royall, Alexr T.
                6/12 M Ga Oct
Daniel, Simeon
                17 M Ga Feb
Overstreet, Eliza
                19 F Ga May M
Henderson, Sabra
                60 F SC Feb W
Dixon, Delaware
                2 M Ga Aug
Godbee, Mary
                85 F Ga Apr W
Godbee, James A.
                24 M Ga Oct
Spears, Lavina
                8/12 F Ga Dec
Godbee, Samuel
                59 M Ga Mar M
Godbee, Henry
                47 M Ga Feb M

BUTTS COUNTY (Pages 55, 58)

King, Caroline
                4 F Ga Mar
Jinks, Mary E.
                6 F Ga Sep
Jinks, Permelia A.
                2 F Ga Sep
Lee, Harvry L.
                30 M SC Mar M
Moore, Nancy
                35 F Ga Mar M
Dillan, Sarah
                50 F Ga Jan M
Childers, Sarah
                77 F Va Aug W
Jester, Elizabeth
                55 F SC Apr W
Denson, James
                8 M Ga Apr
McCord?, Fufus P.
                1 M Ga May
Huie, Benjamin
                22 M Ga Aug
Lunsford, William S.
                10/12 M Ga Sep
Patterson, W.L.
                20 M Ga Sep
Washington, Sarah E.
                9/12 F Ga Jul
Clarke, Serena
                53 F Ga Mar M
Datson, Ann M.
                39 F SC Sep M
Byars, G.W.
                21 M Ga Aug M

Payne, Franklin
                1 M Ga Jun
Meckelberry, H.F.
                1 M Ga May
Saunders, Boase B.
                4 M Ga Sep
Wilson, Marcellis
                9 M Ga Sep
Dobey, Mary
                23 F Ga Jun
Byars, Martin
                10 F Ga Nov
Key, Margaret E.
                1/12 F Ga Jun
Nelson, John B.
                46 M Md Aug
Moody, Wm. P.
                3 M Ga Sep
McCune, Elizabeth
                67 F NC Apr W
Andrews?, John
                67 M Ire Dec M
Stanaland, Andrew
                36 M Geo Feb M
Stanaland, Margaret
                12 F Ga Jan
Bailey, Charles
                50 M Va May M
Lindsy, Nancy
                16 F Ga Apr
Roales (Rooks?), James
                70 M Md Mar M
Roales (Rooks?), Margaret
                10/12 F Ga May
Fielder, Joseph H.
                30 M Ga Sep M

CAMDEN COUNTY (Pages 59, 61)

Clark, Florence
                3 F Ga Jan
Clinch, D.L.
                70 M NC Nov
Lang, Catharine
                77 F Fla Oct W
Conner, Abigail
                20 F Ga Jan
(Blank), Horatia
                2 M Ga Sep
Helbard, John
                47 M Ga May M
Procktor, John
                9 M Ga May

CAMPBELL COUNTY (Pages 63, 66)

Ausbern, Elizabeth
                2/12 F Ga May
South, Mabary
                22 M Ga May
Davenport, H.A.
                11/12 M Ga Jun
Readwine, Elizabeth
                57 F Ga June M
Estepp, Oliver P.
                7 M Ga Jul
Ballerd, Washington
                23 M Ga Feb

Philips, Mary An
    31 F Ga Apr M
Herron, Nancy E.
    10/12 F Ga Jun
Kidd, Mary L.
    11/12 F Ga May
Herron, Martha C.
    1/12 F Ga Jun
Smith, John B.
    3 M Ga Jun
Watts, Greene H.
    10 M Ga Jan
Watts, Amandy A.L.
    3/12 F Ga Aug
Arnold, Dunklin
    4 M Ga Mar
English, William
    80 M Ire May W
Yancy, William
    53 M SC Feb
Dorsett, John
    58 M SC May W
Harris, John W.M.
    1 M Ga Feb
Latham, Robert P.
    1 M Ga Aug
Dewell, Marthy
    5 F Ga Nov
Oabones?, Lucy
    60 F SC Jun
Parker, Isaiah
    24 M SC Feb
Austin, Charlotte
    26 F Ga Oct M
Abbett, Sarah C.
    17 F Ga Aug
Bryant, Moses M.
    22 M SC May M
Campbell, Jane
    35 F Ga Apr M
Carter, Nathan
    70 M SC Jan
Mcgourik?, Ann B.
    29 F SC May M
White, Sarah C.
    1 F Ga Apr
Clinton, James
    16 M Ga Jul
Melarty, Margaret A.C.
    8/12 M Ga Mar
Vaughn, John
    17 M Ga Mar
Gootson?, Henry C.
    2 M Ga Jan
Allen, Thomas J.
    1/12 M Ga Mar

CARROLL COUNTY (Pages 67-369)

Burnham, Elisha B.
    1/12 M Ga Jun
Walker, David
    5/12 M Ga Oct
Stamps, Moses
    78 M Ga Feb W
Howard, Wesley
    5/12 M Ga Dec
Johnson, Peter
    85 M NC Jan M

Davis, James M.
    2/12 M Ga Nov
Burrow, Leah
    76 F Md Oct M
Cobb, Francis
    37 F Ga Nov M
Horton, James
    70 M NC Aug M
Moore, Augustus R.
    6/12 M Ga Jul
Helton, James
    9/12 M Ga Feb
Harden, Edy
    74 F Va Nov W
Maxwell, Wm
    35 M Ga Aug M
Stamps, Elihu
    1/12 M Ga Aug
Trammell, Sarah
    70 F SC May W
Hudson, Tarlton
    13 M Ga Nov
Nail, Permelia
    22 F Ga May M
Bonnor, Willis
    9/12 M Ga
Holland, Jas W.
    7/12 M Ga Sep
Sanders, John M.
    8/12 M Ga Jan
Thomaston, Mary
    86 F Va Dec W
Johnson, Theresa
    56 F SC Feb W
Shivers, Emily F.
    14 F Ga Oct
Hana, John
    74 M NC Aug W
Bird, Lee
    44 M Ga Oct M
Sheppard, Milbry
    44 F Ga Mar M
McDaniel, Daniel
    79 M Ga Feb W
Wright, Margaret L.
    2 F Ga Jun
Reide, Mary C.
    1/12 F Ga Mch
Bell, John (idiot)
    30 M NC Jun
Hollon, Diantha
    1/12 F Ga Jun
Byer, Permelia
    1 F SC Sep
Jack, Sarah E.
    1 F Ga Aug
Bryant, Robt
    11 M Ga Jul
Carelton, William B.
    19 M Ga Feb
Talbot, Sophronia
    1 F Ga Aug
New, James W.
    17 M Ga Aug
New, John
    3 M Ga Jan
Waddle, John
    2 M Ga Jan
Cheaves, Thos A.
    1 M Ga Aug

7.

Noland, Permelia A.
   4 F Ga Jul
White, Jno B.
   1 M Ga Jun
Strickland, Harriet
   3/12 F Ga Jun
Shedd, Daniel (idiot)
   10 M Ga Aug
Gober, Georgia A.
   3/12 F Ga Jun
Fielder, John
   49 M Ga Sep M
Hale, James
   54 M Va Sep M
Manor, Rohdi
   25 F Ga Apr M
Hardeman, Wm. T.
   23 M Ga Mar M
Banson, Wm. A.T.
   4/12 M Ga Oct
Walker, Adeline
   13 F Ga Sep
McAlphin, Mary A.
   3/12 F Ga Sep

CASS COUNTY (Pages 71, 73, 75)

Smith, Nancy
   21 F SC Sep
Barton, Russel
   5/12 M Ga Oct
Riche, Mary
   76 F NC Oct
Evans, Thos W. "Infantile"
   Ga Mar
Thompson, Jonathan
   37 M SC Feb M
Stokes, Margaret
   26 F SC Apr M
Addington, Washington W.
   4 M Ga Dec
Harris, Lucy
   49 F SC Nov
Peauvson (Pearson?), Rebecca
   40 F -- Aug M
Layton, Martha
   4 F -- Sep
McReynolds, Fernando M.
   27 M Tenn Mar M
Ingram, Robert
   6 M Tenn Feb
Brogdon, Sarah
   55 F Ga Nov W
Gray, John M.
   6 M SC Nov
Reeves, Wyatt
   5 M Ga Jan
Scott, Mary A.
   7 F Ga July
Dugger, Mary A.
   7 F Ga July
Wilson, Mary
   90 F Penn Oct W
Brown, Jesse
   57 M NC Feb M
Reeaves, Phebe A.
   3 F Ga Oct
Cobb, Andrew A.
   3/12 M -- May

McCay, Polly
   14 F Ga Aug
Bailey, John C.W.
   1 M Ga Aug
Stallings, Letty
   46 F Ga Aug M
Cameron?, Frances E.
   5/12 F Ga Jan
Mullinux, Hiram J.
   5/12 M Ga Nov
Pinion, Berry
   1 M Ga Aug
Pinion, Presley
   31 M SC May M
Pinion, Berrilla
   10/12 F Ga May
Boyce, John C.
   70 M NC Apr M
Boyce, Ruth
   50 F NC Apr M
Watts, Rebecca J.
   20 F Ga May M
Riche, John
   16 M Ala May
Riche, Joseph
   67 M NC Jan W
Coleman, Sarah A.
   2 F Ga Aug
Tucker, Polly A.
   50 F SC May M
Tucker, Elizabeth
   20 F Ga May
Cimerly, Elizabeth
   7/12 F Ga May
Baker, Edward
   39 M Tenn Mar M
Sprigg, Gilead
   54 M NC Jul M
Byers, Dreury
   19 M NC Jan
Helton, Peter
   93 M Va Mar
Wells, Esom
   40 M NC Apr M
Holcum, Mary A.
   49 F NC Oct
Wilson, Redley
   45 F SC Oct
Baker, Charles
   88 M Va Apr W
Smith, Elizabeth
   31 F SC Jun
Gaines, Young T.
   1 M ? Jul
Fricks, Isaac
   27 M NC Feb M
Fisher, John B. (Med. Dr.)
   60 M NC Nov
Brown, Berry
   45 M NC Jan M
Pearce, E.
   35 F Ga Oct M
England, Joseph P.
   29 M Ga Sep M
Hips, Joseph
   85 M NC Jul M
Hips, Elizabeth
   59 F SC Jul M
Harold, Catherine
   28 F SC Mar M

Name	Age	Sex	Birthplace	Month	M/W
Atwood, Nancy	42	F	SC	Jan	M
Shaw, William E.	28	M	Ga	Mar	
Shaw, Amanda	17	F	Ga	May	M
Hilton, Wm.	23	M	SC	Feb	
Phillips, Polly	25	F	SC	Feb	M
Jackson, William	28	M	Ga	Sep	
Eley, Mary	27	F	NC	Sep	M
Helton, Martha	28	F	Ga	Apr	
Mason, Robert	25	M	SC	Sep	M
Foster, William P.	66	M	Va	Apr	W
Henson, Abner	36	M	NC	Apr	M
Whetler?, Henry	2	M	Ga	May	
Godfrey, Martin L.	5	M	Ga	Mar	
Godfrey, William	5/12	M	Ga	Mar	
Saxon, Sarah	1	F	SC	Jun	
Bukham, Parthena A.	35	F	Va	Nov	M
Powell, Mary	2	F	Ga	Jun	
Seak, John	57	M	SC	Jun	
Woodbridg, Grafton	3	M	Ga	Aug	
Smith, Nancy	21	F	NC	Sep	

CHATHAM COUNTY (Pages 77-9; 82, 84-5-7-9; 90-3;95-7)

Name	Age	Sex	Birthplace	Month	M/W
Wilson, Anaias	2	F	Ga	Oct	
Wayne, Clifford D.	3	M	Ga	Jun	
Russignol, C.D.V.	73	F	SC	Mar	W
Baily, Manetha	1	F	Ga	Sep	
Garland, M.	78	F	Eng	Nov	
Ganahl, Dury	2	M	Ga	Mar	
Brigham, Mary	35	F	Ga	Sep	M
Daley, Frances	45	F	Ire	Mar	M
Pastell, Rebecca C.	1	F	Ga	Jul	
Cope, Charles F.	2	M	Ga	Oct	
Legriel, (Initial?)	76	F	France	May	W
Falligant, Catharine F.	35	F	Va	Dec	M

Name	Age	Sex	Birthplace	Month	M/W
Fraser, Caroline M.	56	F	Ga	Feb	W
Cleland, James	53	M	Ga	Jul	
Sahlman, John	24	M	Grmy	Mar	
Boifuillet, Cecelia A.	6/12	F	Ga	Jul	
Felt, Oliver P.	29	M	Ga	Aug	M
Pendergast, P.B.	43	M	Ga	Apr	M
Pendergast, P.B.	2	M	Ga	Apr	
Bruen, Wickliffe	50	M	NJ	Oct	M
Wylly, Edward	57	M	NY	Apr	M
Ash, Eliza	6	F	Ga	Jun	
Heidt, Edwin S.	12	M	Ga	Sep	
Doyle, Mary E.	8/12	F	Ga	Feb	
Wilmot, Thomas T.	39	M	Conn	Jan	W
Russell, Perla	62	F	SC	Jun	W
Burnett, Selina	26	F	Ga	Mar	M
Barnett, Isaac	1	M	Ga	Apr	
Hunt, Margaret	66	F	Conn	Mar	
Doryan, John	5	M	Ga	Mar	
Heidt, Daniel G.	9/12	M	Ga	Nov	
Cubbedge, Barbara J.	2	F	Ga	Jul	
Gurnsey, William M.	35	M	Conn	Apr	
Haupt, Julia B.	20	F	SC	Sep	
Laroche, Isaac D.	3	M	Ga	Jan	
Barnum, Lydia Ann	7	F	Ga	Nov	
O'Hare, Mary	34	F	Ire	Nov	W
Sheftall, Moses	34	M	Ire	Mar	
Elliot, B.M.	23	F	SC	Feb	M
Elliott, Infant	1 da	M	Ga	Nov	
Morel, Susan P.	8	F		Feb	
Morel, Josephine S.	6	F	Ga	Feb	
Underwood, Maria A.	38	F	Fla	Dec	
Myerhoffer, Lewis	2	M	Ga	Mar	
Cubbage, Alfred B.	11/12	M	Ga	Mar	
Hernandez, Pephania	23	F	Fla	Apr	M
Tefft, Henry D.	32	M	Conn	Sep	

Howard, Pierce
    52 M Ire Dec M
Kennedy, Thomas
    1 M Ga Mar
Richardson, Mary
    60 F St. Domingo Aug W
Reed, Susannah
    53 F Ga Mar M
Lewis, Margaret
    34 F Ire May W
Papot, John C.
    3/12 M Ga May
Shady, Julia
    4 F Ga Sep
Shady, James
    6 M Ga Oct
Armstrong, Sarah
    34 F Ga Nov W
King, Nancy A.
    33 F Mass Nov M
Leonard, James
    38 M Ire Jan M
Shehan, Bridget
    10 F Ire Dec
Penney, Edward
    30 M NY Sep
Rockford, Mary
    3 F Ga Nov
Kain, William
    1 M Ga Apr
Johnson, Alexander
    1 M Ga Jan
Johnson, Anne F.B.
    2/12 F Ga Mar
Allen, William W.
    50 M -- Oct M
Allen, Elizabeth
    39 F Ga Dec M
Jones, James M.
    25 M Ga Jul
Hedrick, Sophia
    1/12 F Ga Apr
Duggan, George W.
    6/12 M Ga Feb
Archbold, Alexander
    36 M Ire Dec
McDermott, John
    37 M Ire Nov
McNally, Richard
    28 M Ire May
Smith, Augustus M.
    7 M Ire Mch
Smith, Lewis A.
    3/12 M Ga Mch
Gnnann, David
    67 M Ga Jun
Solomon, John
    23 M SC Dec
Phillips, William H.
    1 M Ga Jan
Gallahar, Simon
    25 M Ire Aug M
Whalen, Michael
    1 M Ga Sep
O'Farrel, Thos W.
    39 M Ire Oct M
Reilly, Rosey
    4 F Ire Sep
Reilly, Thomas
    2 M Ire Sep

Reilly, Ann
    7/12 F Ire Oct
Morton, Patrick
    45 M Ire Oct M
Burnes, Henry
    20 M Ire Jul
McDonald, Ann
    8 F Ire Sep
McMilley, James
    25 M Ire Nov M
Gill, Mary
    24 F SC Nov M
Benton, Richard
    25 M SC Apr M
White Allice
    3 F Ga Oct
Alley, Wm. H.
    1 M Ga Oct
Alley, Wm. H.
    1 M Ga Nov
Winslow, Thomas S.
    21 M SC Jan
Sellers, --mond
    55 M SC Apr M
Mustian, Mary A.
    11 F Ire Mch
Heattier, George
    19 M SC Sep
Morris, James
    47 M Ire Oct
Kennedy, William
    14 M Ire Jan
Kennedy, Ann
    3 F Ire Oct
Minis, Theodore
    23 M Ga Feb M
Minis, Ellenor
    1/12 F Ga May
Campbell, Julia A.
    28 F SC Mar M
Hutchison, Charles
    16 M Ga Dec
Marshall, Eliza
    28 F SC Feb
Burk, John
    5 M SC Sep
Talbird, Margaret E.
    52 F SC Apr f W
Hays, Thomas
    45 M Ire Jan
Wilson, Amos
    2 M Ga Feb
Ward, John E.
    7 M Ga Mar
James, Henry
    45 M Ire Oct
* Duggan, Edward
    20 M Ire Jul
Teasdale, William
    45 M La Jul
Gallahan, Hugh
    40 M Ire Jul
Lindish, Francis
    23 M Ga Jul
Taylor, John
    15 M Eng Aug
Mooney, James
    40 M Ire Aug
Baritt, John
    42 M Ire Aug

Name	Age	Sex	Origin	Month
O'Rourke, Felix	25	M	Ire	Aug
Wagner, F.	52	M	Ga	Aug
Henderson, Andrew	50	M	Nrwy	Sep
Joseph, Thomas	37	M	Portgl	Sep
Read, John	23	M	Irland	Sep
Lacy, Dennis	40	M	Ire	Sep
Kelk, Richard	19	M	Eng	Sep
Heep, Emeline	19	F	Fla	Dec M
Heep, Mary E.	5/12	F	Ga	May
Murphy, Michael	5	M	Ga	May
Dwier, Patrick	60	M	Ire	Apr W
Galpin, Sarah	5	M	Ga	Jan
Galpin, Celetia	7	F	Ga	Feb
Galpin, Elbert W.	5	M	Ga	Feb
Baker, William L.	28	M	SC	Nov
Pittman, James	2	M	Ga	Jan
Cordial, James	3	M	Ga	Nov
Cordial, Bridget	3	F	Ga	Nov
Sullivan, Julia	26	F	Ire	May
Canuett, Isabella	23	F	SC	Sep M
Grier, Peter	33	M	Ire	Oct
Cochran, Thomas	49	M	Ire	Oct
Rohr, Sarah	8	F	NY	Oct
Parish, Edward	39	M	Ga	Feb
Skinner, Edward	4	M	SC	Sep
Fogarty, Lewis	48	M	SC	Dec M
McFeeby, Owen	19	M	Ire	Oct
Kain, Michael	24	M	Ire	Sep
Davis, James E.	8	M	Ga	Aug
Davis, Richard	9/12	M	Ga	Sep
Davis, Mary E.	3	F	Ga	Sep
Bremer, Dederick?	41	M	Ger.	Mar M
Brigham, Mary H.	35	F	Ga	Sep M
Coates, Marcha C.	69	F	SC	Nov W
Grant, J.	33	M	Scot	Sep
Kinsler, Theresa	22	F	Ire	Sep
Barnes, John	38	M	Ire	
Bemmon, Louis	30	M	Frnce	Sep
Conway, M.J.	37	M	Me.	Sep
Wylly, Fanny	40	F	Ga	Sep
Roberts, John A.	60	M	Grmy	Sep
Head, Patrick	20	M	Ire	Sep
Robb, Sarah	30	F	Pa	Oct
Harden, Patrick	32	M	SC	Oct
Mulligan, Patrick	32	M	SC	Oct
Hines, John T.	21	M	NY	Oct
Armstrong, William	35	M	SC	Oct
Sanders, James	68	M	Italy	Oct
McInery?, Catharine	40	F	Ire	Oct
Pugh, Laurence	24	M	Ire	Oct
Wright, George	40	M	Ire	Oct
McGill, Barney	35	M	Ire	Oct
Gregg, Peter	36	M	Eng	Oct
Chitson, William	30	M	Mass	Nov
Clire, John	26	M	Austria	Nov
Divine, Winnie	21	F	Ire	Nov
Brady, Francis	20	M	Ire	Nov
Hernandez, Joseph	20	M	Prtgl	Dec
George, John	27	M	Eng	Nov
Cade, John	32	M	Conn	Jan
McGeiust?, James	26	M	Ire	Jan
Ford, Michael	33	M	Ire	Jan
Brown, John	32	M	Eng	Feb
Moony, James	42	M	Ire	Feb
Rielly, Hughe	31	M	Ire	Feb
Reeves, William	27	M	Eng	Feb
Williams, Sarah	18	F	Ga	Mar
Reilly, Mary	26	F	Ire	Mar
Banks, John	46	M	SC	Apr
Drury, D.	28	M	NY	Apr

Britt, Thomas
    32 M Ire May
Queen, William
    19 M Mass May

* **Note by enumerator**: The above named died at the poorhouse and hospital, Savannah...disease not mentioned...whether married or widowed not given. This note pertains to all listed from Edward Duggan & including William Queen.

CHATTOOGA COUNTY (Pages 99, 102-3)

Bourquin, Mary
    4 F Ga Dec
Bourquin, David F.
    2 M Ga Dec
Cole, James D.
    30 M Ga Mar
Wylly, Thomas
    46 M Ga Mar
Force, L.R.
    54 M NJ Oct M
Boc?, Mary
    1 F Ga Dec
Tapp, Robert B.
    1/12 M Ga Sep
Harper, James
    100 M Va Sep W
Morgan, Martha M.
    33 F SC Mch SC
Luny, Anna
    16 F Tenn Oct
Dobson, Jas or Jos.
    73 M NC Feb
Tapp, Nancy
    44 F Ga Oct M
Garrison, Melvina
    5 F Ga Aug
Baker, Milly
    63 F Ga Jun M
Infant Curtis
    1/12 M Ala Dec
Allen, Lucille
    10 F Ga Sep
Lambert, E.S.
    24 M Ala Dec M
Peak, Elizabeth
    10 F SC Mar
Read, S.M.
    7 M Ala Apr
Black, Wm.
    6/12 M Ga Aug
Woods, Geo.
    24 M Ga May
Henderson, Thomas
    7/12 M Ga Sep
Stanton, C.
    74 F NC Mar
Beard, James
    1 M Ga Dec
Kellett, Moses
    20 M Ga Dec
McCollum, A.M.
    1 F Ga Mch

Little, Luticia
    10 F Ga May
Simmons, Sarah L.
    29 F Tenn Sep
Roberson, Charles J.
    1 M Ga Mch
Little, J.W.
    1 Mo M Ga Nov
Heard, C.W.
    3 Mo M Ga Sep
Black, Wm. C.
    6 M Ga Aug
Johnson, A.W.
    1 M Ga Aug
Wooten, Martha
    18 F Ga July
Dossett, Jane
    75 F SC Sep
Hamilton, R.A.
    1/12 M Ga Feb
Cook, Sarah
    49 F SC Mar
Gardner, Nancy
    57 F Va Apr
Ellison, Elijah
    13 M Ga July
Hinton, Eliza
    1 Mo F Ga Aug
Thompson, Mary
    74 F SC Apr
Adams, Edward
    84 M Md Jun
McKnight, Martha
    67 F Va Oct
Bryson, Terry
    2 M Ga Aug
Quinn, Elizabeth
    30 F Ga Dec M
Harris, Louisa
    1 F Ga Mch
Scott, Salina E.
    6/12 F Ga Dec
Young, Peter
    45 M Ga Nov
Watts, Saml
    60 M Ga Oct
Scoggin, G.
    5 M Ga May
McGuire, S.
    60 M Ga Sep
-------?, Charlotte
    20 F Ga May
Drummond, A.
    33 M SC Aug

CHEROKEE COUNTY (Pages 105-8-9)

Daniel, E.
    8/12 F Ga Jul
Cowart, A.
    4/12 F Ga Jan
Irwin, A.
    31 F NC Nov
Ervins, E.A.
    2/12 F Ga Nov
Watson, R.
    53 F Ga Dec
Cook, Mary
    23 F Ga May M

Whitchel, Elizabeth
    56 F Va Mar M
Hand or Homa?, Rebecca
    32 F SC Jun M
Smith, Jane
    2 F Ga Feb
Fry?, Hartwell H.
    17 M Tenn Dec
Mayfield, Jas. Y.T.
    1 M Ga Oct
Tippins, E.N.
    8/12 F Ga Oct
Walker, E.A.
    11 F Ga Apr
Cook, Henry
    3/12 M Ga Jul
Willson, Mary A.
    1 F Ga Apl
Timmons, Mary J.
    F Ga Dec
Price, Martha
    42 F SC May M
Findlay, Louisa E.
    5 F Ga Dec
Hobson, Reitz
    1 F Ga May
Green, Mary
    43 F NC Mar
McCoy, James H.
    6 M Ga Jul
McCoy, Willis D.
    4M M Ga Jul
Boling, Elizabeth
    77 F NC Dec W
Franklin, William
    10 M Ga Feb
Hillhouse, Samuel
    69 M SC Nov M
Heffin, Mary
    10 F Ga
Murdoc, Elizabeth
    57 F SC Sep M
Prater, John T.
    1 M Ga Jul
Roberts, John
    5M M Ga Mar
Brannen, James
    1 M Ga May
Mitchell, Rebecca
    19 F SC Sep
Hansford, Joseph
    43 M   Aug M
Moore, Mary A.
    2 F Ga Mar
Thompson, Martha E.
    F Ga Mar
Griffin, Susan
    8 F Ga Jul
Barnett, Roslina
    1 F Ga Jun
Griffin, Susan E.
    7 F Ga Mar
Hays, Counsil
    65 M SC Dec M
Bohannon, Simpson
    66 M SC Sep M
Eaton, Jesse
    16 M Ga May
Scruggs, Merida (Baptist Clergyman)
    47 M Va Aug

Scruggs, Mahaly
    12 F SC Sep
Scruggs, Jacob
    28 M SC Nov
McConnell, Ann
    66 F Ga May M
Edwards, Polly
    70 F NC Aug
Hatt, John
    68 M SC Dec
Morrison, E. Taylor
    1 F Ga Jun
Henderson, Elizabeth
    14 F Ga Dec
Wilkie, George A.
    9/12 M Ga July
Weatherford, F. Freeman
    10/12 M Ga May
Simpson, Martha W.
    1 F Ga Jun
Simpson, Louisa
    20 F Ga Apl
Barrows, James W. Infant
    M Ga Dec
Croft, George
    9 M SC Sep
Rusk, David
    38 M SC Apl M
Hood, Daniel S.
    14 M SC Aug
Duncan, Georgian
    5/12 F Ga Feb
Rillis, Russel
    8 M Ga Aug
Duncan, Juda
    41 F SC May
Worthy, John
    11 M Ga Mar
Cowney?, B.
    33 F SC Dec M
Ricker, Jane
    4/12 F Ga Nov
Neal, Hiram R.
    1 M Ga July
Huddleston, Jane
    3 F Ga Jul
Banous, James (Barrows?)
    70 M NC Jan

CLARKE COUNTY (Pages 112-3-6-7; 121)

Whitmore, Mary
    60 F SC Feb W
Harden, Wm. J.
    7   Ga Mar
Carlten, Georgia T.
    3 F Ga Aug
Stephens, Frances
    65 F Va Apr
Gilliland, Junaha?
    30 F Ga   M
Dozier, Mary Jane
    1 F Ga Jan
Cooper, Thos. B.
    54 M Ga Feb M
Wier, Saml.
    70 M NC Sep M
Stephenson, Sarah C.
    56 F NC Aug M

Booth, Nancy
    70 F Va Jun
Nuns?, John W.
    28 M Ga Oct M
Connell, Dicey M.
    17 F Ga Jun
Davis, Catherine
    1 F Ga Jul
Harris, Elizabeth
    54 F Ga Jul M
Phillips, Mary
    23 F SC Jul
Beasly, Rebecca
    48 F Unk Feb M
Adams, N.A.
    51 M Ga Aug M
Sampkin, Williana
    9/12 F Ga Aug
Martin, Alice V.
    4 F Ga Jun
Schevewell, Gene
    2/12 F Ga Aug
Buchanan, Elizabeth
    55 F NC Aug M
Castles?, Araminata N.
    23 F Ga Jul
Barry, Julia Ann
    1 F Ga Jan
Winfrey, Edward
    4 M Ga May
Garwin, Francis
    7 M Ga Apr
Maynard, Lucinda
    25 F Tenn Aug M
Smith, Lucius W.
    1 M Ga Jul
Talmadge, John
    54 M NJ Jun M
Parsens, Eunice S.
    6/12 F Ga Mar
Royal, Sarah Ann
    25 F Ga Aug
Royal, Williana
    4/12 F Ga Aug
Smith, Banoni
    21 M SC Jun
Dennis, Wm.
    45 M SC Aug M
Dennis, Stephen H.
    1 M Ga Sep
Hinton, James B.
    2 M Ga Jul
Blackman, Mary M.F.
    7/12 F Ga Jun
Nussiam?, Isham
    33 M NC Mar M
Nussiam?, John T.
    8 M Ga Mar
Barber, John
    26 M Ga Sep M
Rhodes, Sarah
    55 F Ga Sep M
Evans, Amanda A.M.
    17 F Ga Jun
Jarrell, James G.
    2 M Ga Jun
Gardner, Lucretia
    87 F NC Jun W
Sims, L.D. Infant
    2D F Ga Dec

Maxcy, Sarah
    16 F Ga Aug
Masin, Eliz. A.
    1/12 F Ga Jul
Weatherford, Henry J.
    1/12 M Ga Jul
Williams, Pleasant
    45 M Ga Jan
Aaron, Russell
    5 M Ga Feb
Brewer, Jane
    67 F NC Nov M
Minton, Martin?, Frances
    3 F Ga Jul
Daneily, Elizabeth
    50 F Ga May
Cook, Zachary T.
    1 M Ga Apr
Luke, Nancy
    70 F Ga Feb M
Patterson, Wm.
    89 M Va Feb W
Hemse?, Susan
    14 F Ga Apr
Huff, Sarah
    52 F Ga Aug
Tindall, Celia A.
    24 F Ga Sep
Elder, Joshua
    89 M Va Apr

COBB COUNTY (Page 123)

Cooper, James H.
    8 M Ga Feb
Kehala, Zebulon B.
    2 M Ga Feb
Walravin?, Archibald
    64 M NC Mar M
Bonner, James A.
    1 M Ga Apr
Combs?, John
    106 M SC Mar
Edwards, Thomas
    8 M SC May
Cook, Julia Ann
    14 F Ga Apr
Gibson, Martha R.
    58 F Ga Jan
Cleavland?, Laura
    3 F Ga Mar
Raney, Miller
    6 M Ga Feb
Lumberlain?, Elizabeth
    6/12 F Ga May
Reid, ____ missa
    6/12 F Ga Jan
Fox, Catherine
    26 F Ga May M
Fox, Martha
    3/12 F Ga Apr
Hill, John
    62 M Ga Mar
Pursell, Jackson
    25 M Ga Apr
Glosso, Elizabeth
    80 F Va May
Fleming, Robert
    16 M SC May

Wright, Lucinda C.
        10 F Ga Mar
Kemp, Moses
        45 M SC Jan
Wood, Robert
        12 M Ga Feb

COLUMBIA COUNTY (Pages 126, 128, 129)

Clay, Avery
        3 M Ga Jul
Lamkin, Augustus
        1 M Ga May
Miles, Edward
        55 M Ga May M
Bowdie, Neal?
        84 M Va May M
Nance, Albert
        3 M Ga Jul
Young, William
        10/12 M Ga Jul
Williams, Miner
        24 M Ga Dec
Langston, Prissy
        28 M Ga Jul M
Smith, Elizabeth
        22 F Ga May M
Baley, William S.
        3/12 M Ga Apr
Hall, William
        2 M Ga Mar
Dougherty, Ann
        33 F Ga Aug
Kennedy, John
        1 M Ga Dec
Blanchard, Mary
        80 F Ga May W.
Edwards, Sarah
        27 F Ga May
Garnet, John
        45 M Ga Oct M
Watkins, Ben
        36 M Ga Mar
Crawford, Patsy
        83 F Ga Jun W

COWETA COUNTY (Pages 132,33,36,37; 140,41,44)

Babe, (Sims)
        2/12 F   Mar
Thompson, Sarah C.
        1 F Ga Feb
Rawls, Sarah
        48 F SC Aug M
Course, Narcissa E.
        32 F Ga May M
Foster, Thomas J.
        37 M SC Mar M
Lyle, James
        32 M SC Dec M
Harris, Liddy
        77 F Ala Nov W
Roberts, Thomas J.
        3 M Ga Apr
Roberts, Wm. M.
        2 M Ga Apr

Johnson, Wm. T.
        5 M Ga Apr
Wilson, Mariah
        4 F Ga Apr
Wilson, Isaac M.
        2 M Ga Apr
Persons, Thomas R.
        30 M Ga Jan M
Hayner, Walter W.
        4 M Ga May
Taft, Alvin F.
        1 M Ga Apl
Jackson, Rebecca
        2 F Ga Sep
Jackson, Babe
        1/12 M Ga Sep
Hallman, Mary
        20 F SC Apl
Lyle, Babe
        1/12 M Ga Jun
Hardy, Mary L.
        3 F Ga Apl
Hurdy, Martha A.M.
        1 F Ga Apl
Surry, Mary E.
        3 F Ga Mar
Surry, Allen F.
        1 M Ga Mar
Lyle, Sarah T.
        16 F SC Dec
Davis, James K.P.
        5 M SC May
Bridges, Thomas F.
        3 M Ga May
Prometheus, Daniel
        6 M Ga Apr
Oliver, Frances E.
        28 F Ga Jan M
Steede, Marcus A.
        21 M NC Nov
Jones, Thornton G.
        25 M Ga Jun
Johnson, Sarah F.
        31 F Ga Jun W
McMichael, Mary A.
        23 F Ga Jun M
Jones, Ann
        21 F Ga Jun
Jones, Emily
        17 F Ga Jun
Jones, Martin
        73 M NC Aug M
Lyle, Henry E.
        8/12 M   Jun
Newman, Saline
        4 F NC Apr
Morgan, Sarah
        78 F NC May M
Wrguhart?, Turner W.
        5 M Ga May
Barnes, Charles W.
        6 M Ga May
Tolbert, John R.
        18 M SC Sep
Jenkins, Nancy J.
        10 F Ga Feb
Washington, Robert
        1 M Ga Jun
Bridges, Martha E.
        1 F Ga Jun

Shepard, William
      5 M Ga Mar
Young, Abram
      69 M SC Sep M
Shoemaker, Sarah A.
      1 F Ga Mar
Webb, Sarah
      61 F Va Mar
Burkhew?
      1 M Ga Sep
Smith, James L.
      5 M Ga May
Dennis, Mary
      68 F NC Sep M
Bledsoe, Polly
      70 F Va Nov M
Vance, Cornelius
      2 M Ga Mar
Hesterlie, Francis
      66 M SC Oct M
Hesterlie, John B.
      40 M SC May
Seigley, David J.
      19 M Ga Apr
Hollis, Cyrus
      21 M Ga Oct
Robertson, Samuel
      38 M NC Aug M
Merret, Martin
      22 M Ga Aug
Levall, Richard
      60 M SC Sep W
Hastin, Wm. W.
      16 M Ga June
Anderson, John W.
      1 M Ga Aug
Fernanda, Wm.
      60 M Va June M
Bailey, Sarah A.
      45 F Ga Sep M
Price, Francis
      44 F Ga Nov W
Browning, Thomas
      6 M Ga Jan
Smith, Sarah F.
      9/12 F Ga Sep
Richards, Wm.
      34 M Ga May M
Blunt, Taylor
      2 M Ga Feb
Terrell, Wm. A.
      52 M Ga Feb M
Cook, Antonett
      21 F Ga Oct
Jackson, Eleanor
      75 F Va Jan
Williamson, Francis
      18 F Ga Aug
(Same?), Martha
      24 F SC Jul M
(Same?), Infant
      1/12 M   Jan
Huckaby, Hannah
      64 F SC Dec
Ingham, John
      43 M SC Sep
Wise, James W.
      30 M Ga Oct
Corley, Melissa J.
      19 F Ga Oct

Anderson, James
      68 M SC Oct
Story, Hiram L.
      20 M Ga Oct
Foster, Mary T.
      4 F   Oct
Pace, Wm. E.
      35 M Ga Apr M
Leigh, Eleanor
      1/12 F Ga Nov
Lyle, Mettiri C.
      2/12 M Ga Mar
Cruse, Moses N.
      8 M Ga Dec
Sumner, Anna T.
      53 F Ga Mar M
Barrow, Robert
      48 M NC May M
_____ Infant
      1/12 M NC Jul
Houston, Saml.
      61 M SC Sep M
Smith, Byrd
      6/12 M Ga Aug
Robertson, Thos. R.
      17 M Ga Apl
Couch, Wm. E.
      1 M Ga Aug
Parks, Byrd
      70 M Va Dec M
Parks, Welcom
      68 M Va Mar M
Harden, Mary R.
      33 F Ga Jun M
Stephenson, Ann
      10 F Ga Nov
Stevenson, Dyonecus?
      8/12 F Ga Jun
Parks, Mary B.
      8 F Ga Mar
Banks, Martha A.
      16 F Ga Jan
Carroll, Jas.
      23 M Ala. Feb M
Page, George C.
      5 F Ga Apl
Hollinghead, Mary J.
      2/12 F Ga Aug
(Same?), Dominic
      2/12 F Ga Aug
Bates, David
      30 M Ga Jan M
Newman, C.
      9 M Ga Oct
Arnold, Martha E.
      24 F Ga Mar M
Arnold, Leila
      5/12 F Ga Apl
Maddox, Susan
      25 F Ga Jan M
Kelly, Moses
      53 M SC Jan M
Skinner, Martha
      13 F Ga Sep
Bell, Martha A.
      20 F Ga Aug M
Brown, Amos T.
      5/12 M Ga Dec
Thompson, Ann
      85 F Ga Mar W

Pittarde, Eliza M.
    5 F Ga Jan
Smith, Sarah E.
    1 F Ga Sep
Shaddox, Elizabeth
    77 F Ga Feb
Waldross, R.M.
    38 M SC Jan M

CRAWFORD COUNTY (Pages 148,49;52,53)

Bradford, Sarah
    64 F Va May
Infant
    M Ga Feb
Infant
    M Ga Feb
Taylor, M.E.
    11/12 F Ga Nov
Seymour, Margaret
    70 F Unk May W
Andrews, Josephine
    1 F Ga Oct
Johnson, Reuben
    1 M Ga Jun
Vicker, Mary M. (Mc?)
    80 F Scot. Aug
Fitzpatrick, Alexander
    59 M Ga Oct M
Harris, Wm. T.
    4/12 M Ga Jan
Wilerford, C.T.
    10/12 M Ga Sep
Smith, T.A.
    16 M Ga Nov
Mathews, R.P.
    8 F Ga Aug
Langly, D.T.
    1 M Ga Jan
Jordan, J.W.
    3/12 M Ga Sep
Collier, Benjamin
    79 M Ga Feb
Bundrick, N.A.
    3/12 F Ga Sep
Bundrick, B.F.
    1/12 M Ga Dec
Bundrick, Joanna
    1 F Ga Mar
Infant
    1/12 M Ga Feb
Matthews, Nancy
    90 F SC Apr
Jones, Ibby
    53 F SC Aug
Infant
    1/12 M Ga Nov
Fowler, Wylan
    15 F Ga Nov
Long, Mary
    24 F Ga Dec
Fowler, V.J.
    5 M Ala Dec
Jordan, James
    66 M Ga Apr
Dies, Sarah
    4 F Ga Oct
Shurley, E.
    70 F SC Apr W

Altman, L.A.
    11 F Ga Apr
Nolen, N.E.
    1/12 F Ga Jun
Altman, R.
    23 M Ga Jan
Rowlen, Rachel
    59 F SC Jul
Whitington, P. Al
    2 F Ga Aug

DADE COUNTY (Page 155)

Stewart, John B.
    66 M NC Jul M
Payne, Harvey
    1/12 M Ga Dec
Ross, Jane
    11/12 F Ga Feb
Gross, Baily
    11/12 M Ga Sep
Wood, Sarah
    17 F Ga Apr
Hale, Judith
    59 F Tenn Apr M
Perkins, Isham
    65 M SC Apr M
Perkins, Anna S.
    53 F NC Jun W
Hulsey, _____
    3^n? M Ga Jan
Brumley, Elizabeth C.
    6 F Tenn Oct
Griffin, James A.
    37 M Tenn Sep M
Davis, John
    38 M Unk Oct M
Davis, Elizabeth
    1 F Ga Mar
Holton, Rachael
    50 F NC Dec M
West Celia
    11 F Ga Nov
Brooks, Aaron
    1 M Ga Feb
Middleton, Margaret
    92 F Va Jun W
Gwinn, Elizabeth J.
    2 F Ga Sep
Tatumn, Hardy H.
    1/12 M Ga Feb
Austin, John
    59 M Va Apr M
Lowry, Winfield S.
    3/12 M Ga Dec
Cooper, Caroline
    37 F Tenn Jul M
Riddle, Benjamin F.
    4/12 M Ga Oct
Tatumn, Elizabeth
    17 F Tenn Apr M
Kennedy, Mary
    3/12 F Ga Jan
Hawkins, Robert
    1/12 M Ga Apr

DECATUR COUNTY (Pages 157,60,61)
McKenzie, T.
   20 F Ga May
Casswell, Wm.
   50 M Ga Feb M
Blount, W.
   18 M Fla Jan
Dancey, J.
   98 M NC Feb W
Harrison, E.
   40 F Ga Mar M
Dannelly, E.
   18 F Ga Jan
Dannelly, Arthur
   7 M Ga Jan
Burns, D.
   5/12 M Ga May
Hawthorne, Cherry
   27 FF Ga Oct
Kelly, Elias
   2 M Ga Jan
Geddings, Nancy
   4/12 F Ga Mar
Lambert, John
   15 M Ga Sep
Scarborough, Matthew
   22 F Ga Jun M
Scott, E.J.
   19 F SC May M
Scott, Joseph
   1 M Fla Feb
Strickling, Reubin
   19 M Ga Mar
*Saddler, Daniel
   13 M Ga Mar
Saulter, P.
   9/12 M Ga May
Sapp, E.
   10 M Ga Jul
Sapp, James
   40 M Ga May
Hix, Jackson
   4 M Ga Jan
Glover?, J.
   10/12 F Ga Jan
Locke, P.
   14 M Ga Nov
Butler, M.A.
   5 F SC Aug
Mond, James
   65 M Ga May
King, R.
   3 M Ga Feb
Olivent, T.
   7 M Fla Jan
Clinard, Jacob
   40 M Ga Apr M
Lewis, Thomas Banks
   70 M Ga Sep W
Ingraham, Wm.
   1 M Ga Aug
Lewis, Sarah
   4 F Ga Aug
Watts, S.
   75 M SC Aug
Lewis, Ann
   38 F NC Sep
*McEachling, C.
   6/12 M Ga Jun

Geddings, M.
   12 M Ga Jul
Hucthinson, Jesse
   11 M Ga Jul
Whiddon, E.
   35 M Ga Jul
Thomas, H.
   1 M Ga Dec
Cobb, Lucretia
   6 F Ga Jul
Cobb, Ellen
   3 F Ga Jul
Pate, Ann
   3 F Ga Jul
Franklin, Emily
   3 F Ga Jul
Lewis, Mary
   7 F Ga Nov
Sheffield, Bryant
   34 M Ga Jul
Brown, Wm.
   1/12 M Ga Jun
Cartledge, Caroline
   30 F Ga May
Cartledge, unnamed
   1/12 M Ga Jun
Sims, John
   3 M Ga Jul

DEKALB COUNTY (Pages 163,65,68,70)
Clarke, Zachariah
   4 M Ga Mar M
Farlow, Benj. F.
   6/12 M Ga Jul
Avery, Rosanna
   6/12 F Ga Jan
Sprayberry, Andrew
   48 M SC Mar
Johnson, Charlott M.
   24 F SC Apr M
Brown, Julia A.
   8/12 F Ga Dec
Fowler, Lucy
   60 F NC May M
Leach, Wm.
   65 M Ga Jan M
Walker, Mary
   68 F Va Jul W
Mason, Amanda
   18 F SC Mar M
Brown, Josephine
   1 F Ga Jun
McAllister, Eugenia
   7/12 F Ga Sep
South, Charles
   1 M Fla Aug
Powell, Lutitia
   9/12 F Ga Sep
Kite, Peter L.
   10/12 Ga
Lynch, Patrick
   10/12 M Ga Aug
Kay, Maran
   8/12 F Ga
Peacock, Lewis
   58 M Ga May M
Rusk, Nancy
   40 F Ga Jun M

McDaniel, Ellis
          29 F SC Aug M
McDaniel, Matilda B.
          1 F Ga Jun
Rucker, Pressly
          14 M Ga May
Hudgens, Elizabeth
          41 F SC Mar M
Diamond, James
          68 M Va Aug M
Ferril, Elizabeth
          22 F Ga Dec
Wade, Dicy
          65 F NC Mar W
McAlpin, Mary
          18 F Ga Feb M
Smith, Milly
          93 F NC May W
Riley, J.M.
          35 M Unk Feb W
Wood, Mary A.
          22 F Ga Jun M
Powers, Elizabeth
          39 F SC Nov M
Goodwin, Solomon
          84 M Va Dec W
Steen, William
          4 M Ga Aug
Fee, Nathaniel
          1 M   Jun
Gaddy, Thos.
          57 M NC Oct M
Alkin, Cady A.E.
          1/12 F Ga Mar
Rein, John
          43 M Ga Mar M
Anderson, Wm. B.
          71 M SC Mar W
McAlpin, James
          8 M Ga Sep
McAlpin, Mary
          25 F SC Dec M
Payton, Cornelius
          73 M Va Mar M
Crocket, Elizabeth
          2 F Ga Jan
Pimond?, Samantha
          13 F Ga Aug
Tomlin, Lavina
          67 F NC Apr W
Gant?, Nancy
          45 F SC Apr
Prichard, Wm. T.
          1/12 M Ga Dec
Copeland, William
          98 M Va Nov
Heard, Jane
          12 F Ga Jul
Kilgore, Sarah
          52 F SC Aug M
Salmon, Ephraim
          93 M Del Jun M
Brandon, Irene
          38 F Ga Sep M
Powel, Elizabeth
          51 F Ga Apr M
Hardman, Bluford F.
          32 M Ga Aug M
Cannon, Harrison
          25 M Ga Sep

Farr, Thos. J.
          19 M Ga Mar
McLaughlin, Ann
          87 F Va Jan W
Smith, James V.
          2 M Ga Apr
Simms, Greenberry
          8/12 M Ga Jan
Simms, Asbery R.
          8/12 M Ga Jan
Arnold, Randall
          6 M Ga Aug
Plaster, Moses E.
          9/12 M Ga Aug
McGriff, Narcissa
          4/12 F Ga Aug
Hooper, Emily
          15 F Ga Aug
Hooper, Lucinda
          12 F Ga Aug
Reid, William P.
          10/12 M Ga Sep
Johns, Booker R.
          45 M Va Apr M
Donahoo, Saml. L.
          8/12 M Ga Aug
Leachman, Malinda
          4 F Ga Jun
Walsobrook, Jesse
          4 M Ga Jan
Gilham, Rebecca
          4 F Ga Feb
Baker, Middleton
          24 M Ga Aug M
Haley, Francis
          53 F Ga Nov M
Wilson, Malvin
          4 F Ga Jan
Smith, M.A.
          1 F Ga Jul
Ellis, Addison
          12 M Ga May
Rich, Margaret
          46 F SC Apr M
Gilbert, J. Ann
          4/12 F Ga May
Thomas, Eliza A.
          10 F Ga Aug
Kyle, Clarky
          1 F Ga Jul
Gurley, Jesse
          32 M Ga Oct M
Bishop, Moses
          20 M Ga Sep
Shivers, Judge
          1 M Ga Jul
Ivy, Wm. W.
          1 M Ga May
Collier, Henry
          28 M Ga Feb M
Kontz, George
          11 M Ga Sep
Woodin, A.H.
          44 F Va May M
Oliver, James
          11/12 M Ga Nov
Legget, Aley
          78 F Va Apr W

DOOLY COUNTY (Pages 174,76,77)

Note: There is no heading on Page 171 as to County, but Dooly's Enumeration Count would include this page.

Sellers, Jacob
    92 M NC Jun
Gilmore, Elizabeth
    3 F Ga Sep
Farnal, Mary
    19 F Ga Apr
Bush, Martha A.
    5 F Ga Dec
Connel, Jessee W.
    17 M Ga Apr
Bush, Isaih
    32 M Ga Jan M
Poke, John D.
    40 M SC Dec M
Graham, David
    61 M SC Jun
Taylor, John
    33 M SC Feb M
Monseny, Mary
    50 F SC Apr
Coney, Jerrymiah
    29 M Ga Aug M
Sikes, Nancey
    6 F Ga Sep
Royals, Henry B.
    14 M Ga Apr
Key, Thomas
    52 M Ga Dec
Perminto, Thomas A.
    8 M Ga Nov
Hollin, Joseph J.
    1/12 M Ga Aug
Rowell, Oliver H.
    31 M Ga Jun
McCullers, William H.
    38 M Ga Jan
Graham, James M.
    35 M Ga Feb
Howard, Martha A.
    8 F Ga Sep
Pickern, Greenberry
    10 M Ga Aug
Lucius, Henry
    76 M SC Jun M
Lewis, Laten
    63 M NC Oct M
Lewis, Sarah
    27 F Ga Oct
Newel, Frances
    6 F Ga Dec
Holt, John T.
    1/12 Ga Jul
Cox, Brian H.
    6 M Ga Aug
Adams, Levin
    71 M NC Oct
Royals, H.B.
    11 M Ga Apr
Royals, Elizer C.
    4 F Ga Apr
Spell, James R.
    8 M Ga Mar

Gilbert, William
    63 M SC Apr W
Pettee, Henry
    39 M Ga Jan M
Platt, Joan
    11/12 F Ga Sep
Freeman, Mathew
    57 M NC Feb M
Lamb, Mary
    37 F NC Mar M
Landers, Elisabeth
    46 F NC May
Roberts, Jacob J.
    12 M Ga Aug
Moody, Daniel P.
    5 M Ga Mar
Haul, Francis
    3 F Ga Sep
Bass, William
    11/12 M Ga Dec
Britt, Henry
    45 M Ga Oct W
Adams, John J.
    2 M Ga Oct
Spivey, Nancey J.
    2/12 F Ga Dec
Wilson, Samuel
    35 M Ga May M
Hearnton, Dicey Ann E.
    8/12 F Ga Oct
Holiday, Simon L.
    44 M Ga Sep M
Holiday, Milly C.
    7 F Ga Sep
Dosier, James
    20 M Ga Mar M
Mims, Wesley D.
    2 M Ga Jan
Brown, William A.
    3 M Ga Nov
Boman, Polly
    74 F Ga Jan W
Watson, Feaby
    44 F Ga Apr M
Shire, Mary Ann
    14 F Ga May
Ross, Mary C.
    6 F Ga Aug
Goodman, William
    47 M NC Sep W
Gunter, James W.
    1/22 M Ga Nov
Davis, Edward A.
    3/12 M Ga Oct
Pervis, Elisabeth
    27 F Ga Mar
McDonald, Joseph C.
    2 M Ga Dec
Woodward, John T.
    1/12 M Ga Mar
Battler, Amander
    6 F Ga Dec
Sutten, Henry
    39 M Ga May
Lane, Josephene
    4/12 F Ga Mar
Taylor, Nancy
    37 F Ga Mar
Holt, Joel
    33 M NC Aug

Brown, Robt.
 80 M SC Oct
McIver, John
 67 M Ire Jan
Jorden, Lensen? B.
 2 M Ga Jun

EARLY COUNTY Pages 179; 182;)

Roe, Green
 15 M Ga May
Perry, Sarah B.
 43 F Ga Oct M
Neaves, Allace
 83 F Va Sep M
Langford, Elizabeth
 36 F Ga Mch M
Anderson, George
 57 M Scot. Jan M
Hudnell, Victory
 2 F Ga May
Grimsley, Sarah
 70 F NC Mch W
Spence, Sarah J.
 9 F Ga Mch
McDonald, Lavernia
 1 F Ga Oct
Fiveash, Leon
 68 M NC Aug W
Martin, Martha
 4/12 F Ga Jan
Sapp, Emily J.
 3/12 F Ga Dec
Cobb, Jonathan
 8 M Ga Sep
Tootle, Martha (Initial?)
 3 F Ga Oct
Beasley, John D.
 17 M Ga July
Wood, Olydia
 30 F SC Apr
Lamb, Nancy
 55 F Ga Apr M
Cowart, Henry
 6 Da M Ga Apr
Cowart, Henryetta
 6 Da F Ga Jan
Collier, Louisa
 8/12 F Ga Jun
Hays, William
 41 M Ga Apr M

EFFINGHAM COUNTY (Pages 183, 86, 88)

Hurst, James
 50 M Ga Feb M
(Infant) James
 4/12 M Ga ---
Wolfe, Robt
 2 M Ga Sep
Wheeler, Jessee
 70 M SC Feb M
(Infant) Caroline
 11 F Ga ---
Smith, N.
 12 M Ga Jun
Arnsdorph, Charles
 21 M Ga Oct

Morgan, Thos.
 61 M Ga --- M
-------, James
 33 M Ga Jun
Pitts, W.
 16 M Ga Mar
-------, Emmely
 4 F Ga Jan
Bussy, Amanda (Bunz?)
 30 F Ga Sep M
Gnann, C.
 62 M Ga Nov W
Keebler?, C.
 6/12 F Ga Jan
Morgan, John
 6/12 M Ga Dec
Jackson, E.
 ?/12 F Ga Aug
Marlow, Paul
 59 M Ga Sep M
Davis, W.
 7 M Ga Oct
-----, Marion
 6 M Ga ---
Cassidey, Hugh
 58 M Ire Mar M
Love, James
 33 M Ga Jan M
Burt, N.
 85 F NC May W
Dasher, Gideon
 44 M Ga Apr M
Abbott, Lydia
 14 F Ga May
Hemly, Hannah
 70 F Ga Oct M
Zeller?, W.
 5/12 M Ga Jul
Arnsdorph, Sarah
 80 F Ga Nov M
Exley, C.
 4? F Ga Apr
Charlton, John
 48 M Eng Nov M
Willis, Charles
 55 M Ga ---

Note: The enumerator wrote very carelessly, often writing over a mistake; he did not write the state of birth if it was Ga. unless it followed another state or country. The name "Arnsdorph" was deciphered only by knowledge that this family was there!

ELBERT COUNTY (Pages 188, 90, 92, 93, 95)

Jones, S.
 41 F Ga Jun M
Murry, Nancy
 96 F Va Jul W
Barrett, L.
 4 F Ga Jan
Webb, M.P.
 7/12 M Ga Apr
Ward, Wm.
 93 M Ga Mar W

Hansford, S.
                4/12 F Ga Jul W
Vaughn, H.
                4 M Ga Apr
Ashwourth, M.M.
                2/12 F Ga Jan
Blair, L.
                16 F Ga Jun
Hains, L.
                19 F Ga Sep
Nelms, J.
                42 F Ga Feb M
Teasly, J.E.
                1 M Ga Jan
Nelms, J.
                74 M NC Oct
Allen, W.
                1 M Ga Dec
King, P.
                37 F Ga Jun
Craft, M.
                75 F NC Apr
Nash, James
                71 M Va Nov M
Jones, J.B.
                9/12 M Jan Ga
Steadman, H.C.?
                5/12 M Ga May
Alexander, Mary
                2 F Ga Oct
Philloups, H.S.
                3 M Ga Feb
Jones, Mary
                17 F Ga Oct
Pritchett, D.
                80 F Va Jun W
Carter, L.
                85 F Va Apr
Dunkin, A.
                7 F Ga Oct
Carlton, J.P.
                33 M Ga Jul
Carlton, E.
                27 F Ga Jul
Hancock, J.H.
                7/12 M Ga Apr
Jones, P.
                1 F Ga Jan
Blackwell, P.
                55 M Ga Aug
Warn, Thomas
                11 M Ga Sep
Willis, M.T.
                45 F Ga Oct
Cosby, H.M.
                38 M SC Aug
Cash, N.
                57 F Ga May
Baas, G.W.
                40 M Va Jan
Baas, J.W.
                19 M Ga Jan
Jones, T.A.
                21 M Ga Dec
Waunell, E.
                58 F Ga Jun
Hilly, Thomas
                1 M Ga Nov
Hearn, J.F.
                4 M Ga Dec

Edwards, ?.F.
                36 M SC Mar
Spencar, -----
                1/12 M Ga Jun
Saxon, B.T.
                5/12 M Jul Ga
Sannor?, Mary
                24 F Ga Jan
Critington, Thomas
                5/12 M Ga May
Cooper, Sarah
                50 F Ga May
Wall, (Initial?)
                85 F NC Mar
Lominac, -----
                30 F SC Mar
Ogely, M.
                18 M Ga Aug
McMullan, M.
                24 M Ga Feb
Vaughn, ?.E.
                4/12 F Ga Jun

Note: Another careless enumerator; did not name slaves who died; also book was not opened wide enough to get the first initial some of the time, when microfilming was done.

EMANUEL COUNTY (Page 197)

Cowart, Kiziah
                60 F Ga Apr W
Lewis, Samantha
                40 F Ga Nov M
Johnson, Rowan
                43 M Ga Oct M
Rick, Abiah
                90 F Eng Sep W
Powell, Alen
                6/12 M Ga Sep
Norris, Elizabeth
                23 F Ga Nov M
Canada, William J.
                7 M Ga Oct
Johnson, Fatimy
                20 F Ga Aug M
Davis, Martha
                40 F Ga Oct M
Brown, George O.
                3 M Ga Nov
Rowell, Robert
                17 M Ga Apr
Thompson, Jeremiah
                1 M Ga Dec
Jones, Henry
                16 M Ga Nov
Patrick, Levi
                25 M Ga Mar W
Edinfield, Joshua
                13 M Ga Aug
Watts, Archibald
                2 M Ga Apr
Hutchinson, Thomas
                52 M NC May
Moseley, Katharine
                10 F Ga Jun
Dickson, Isaah
                3/12 M Ga Dec

FAYETTE COUNTY (Pages 199, 202, 03)

Chapman, Wm. C. 8/12 M Ga Apr
Albred, Jabez 12 M Ga Sep
Rogers, George 2/12 M Ga Aug
Gilder, Lucus 14 M Ga May
Matthews, John 83 M Va Dec
Dorce, Erastus L. 3 M Ga Aug
Jones, Thomas R. 6 M Ga Jun
Hobgood, Infant 3/12 F Ala Jul
Shell, Thomas P. 10/12 M Ga Oct
Mosely, Thursy M. 31 --- Ga Nov
Mosely, Thursy M. 5/12 F Ga Jun
Kemp, Marcus A. 3 M Ga Sep
Davis, Mary 6 F Ga Feb
Davis, John 2 M Ga Feb
Martin, Nancy 45 F SC Sep M
McIntosh, Infant 1/12 F Ga Nov
Whatley, Sarah T. 2 F Ga Nov
Kemp, Famelia? 35 F Ga Nov M
Sparks, Trimble 29 M Ga Sep M
Hart, John 1 M Ga Aug
Minicks, Elizabeth 68 F NC Sep
Head, Wm. 52 M Ga Nov M
Jones, Sarah 55 F Ga Oct W
Bridges, Crawford 30 M Ga Oct M
Bridges, Joseph 7 M Ga Feb
Reeves, John A. (MD) 24 M Ga Aug
Hunt, Unity 68 -- Va Feb M
Roberts, Lawson 46 M Ga Dec M
Darling, Robert 82 M Va May
Berks, Infant -- FF Ga Nov
Moses, Sarah 60 F SC Jan M
Fell, John 1 M Ga Jun
Byrantine, Infant 1/12 F Ga Nov
Hightower, George C. 32 M Ga Sep M

Waldrun, Mary 89 F Va May W
Whitaker, Simon 69 M NC Aug M
Greene, W.P. 21 M SC Nov M
Lipham, Henry 65 M Ga Dec M
Knight, Elizabeth 48 F Ga Mar M
Page, Pena 29 F NC Jul M
Spratlin, Mary 1/12 F Ga Sep
Bustin, John W. 2 M Ga Jul
Jones, Infant 1/12 M Ga Jul
Thompson, Mary L. 1/12 M Ga Jul
Jack, Margaret 100 F Pa Aug
Landrum, Twigs 1/12 M Ga Jul
Smallwood, Nancy 60 F NC Nov
Campbell, Susan L.E. 1 F Ga Jun
Harris, Thomas 60 M NC Apr
Hasting, Nancy 79 F Va Apr
Collins, Paschal 40 M SC Apr M
Reeves, Tom Thumb 1/12 M Ga Sep
Smith, Alex 61 M NC Dec M
Mahirs?, Nancy H. 1/12 F Ga Aug
Fletcher, Martha F. 1/12 F Va Dec
Bettirton, Joshua 50 Ga Oct M
Turner, James 76 M SC Sep M

FLOYD COUNTY (Pages 205, 08)

Wiggins, Alfred 27 M Ga Aug M
Wiggins, Alexander 3 M Ga Jul
Wiggins, Ophius C. 3 M Ga Oct
Bryant, Mary 24 F Ga May M
Townsend, Martha 65 F Va Nov M
-------, Caroline 3/12 F Ga Mar
Underwood, Nancy 63 F NC Apr M
Berrian, Catherine 4 F Ga Mar
--------, Julia M. 1 F Ga May
Selman, Mary A. 14 F Ga Sep

Selman, Margaret C.
 5 F Ga Oct
Davis, Mary C.
 1 F Ga May
Rogers, Eliza
 57 F SC Jun M
Green, Mary
 18 F NC Sep
McDaniel, Sarah
 56 F SC Feb M
Wilkins, May
 47 F SC May M
King, Thos.
 33 M Ga Sep M
Stuart, Wm. (Shot)
 30 M Va May
Shealds, Jas.
 5 M NC Apr
Ellis, Wm.
 14 M Ga Jun
Pross, Jane
 18 F Ga Sep
Pross, Lucy
 9 F Ga Oct
Hendricks, Thos.
 23 M SC Jun
King, Mary
 16 F Ga Jun
Quinn, Langdon
 34 M SC Jun

FORSYTH COUNTY (Page 209)

Thompson, James
 45 M ---Feb W
Blackstock, W.T.
 1 M Ga Dec
Chatham, Mary
 19 F Ga Sep
Chaifin, William
 12 M Ga Sep
Boroughs, James
 1 M SC Jun
Harrell, A.J.
 21 M Ga Sep
Roper, Lewis
 14 M SC Jul
Gravitt, John B.
 7/12 M Ga Oct
Bolton, Nicholas
 12 M NC May
Roberson, E.S.
 1 F Ga Feb
Garner, Nancy
 10/12 F Ga Aug
Martin, Moses
 50 M Ga Apr W
Higgins, Mary M.
 2 F Ga Sep
Nicely, John
 1/12 M Ga Dec
Newton, Larkin D.
 3 M Ga Sep
Nickols Infant
 1/12 M Ga Oct
McElwrath, Jane E.
 20 F SC Mar
Burris, Lucinda
 51 F Va Jun W

Austin, Celia
 70 F Ga May W
Pike, Henry
 75 M NC Apr M
Garrett, Laura A.
 2/12 F Ga Feb
Garrett, Susan
 23 F Ga Aug W
Rippy, Sarah A.
 9/12 F Ga Jun
Kemp, Zachary
 1 M Ga Jul
Killingsworth, M.W.
 56 M NC Aug
Smalwood, Green
 2/12 M Ga May
Wasdon, James L.
 67 M NC Jun W
Montgomery, Sarah
 1 F Ga Aug
Gague, John
 35 M NC Sep
Danney, John A.
 1 M Ga Oct

FRANKLIN COUNTY (Pages 213,15,17)

Morris, John
 8 M Ga Mar
Hagens, Lucy
 70 F Ga Apr
McCarter Infant
 3/12 M Ga Jul
Selman, Franklin A.
 18 M Ga Aug
Estes, George W.
 3 M Ga Dec
Osbern, Martha
 4/12 F Ga Jun
Millner, Orpha
 69 F Va Jun W
McCall, Robert
 70 M NC Mar W
Roberts, Barnett F.
 58 M Va Jan M
Mills, Francis
 2 M Ga May
Peak, Infant
 1/12 M Ga May
Miller, Benjamin P.
 1 M Ga Feb
Carter, David
 96 M Va Dec W
Carter, Rhoda
 27 F SC Mar
Hale, Daniel
 118 M SC Jun
Adams, Richard A.
 2 M Ga Aug
Bing, James E.
 5 M Ga Feb
Stubbs, John M.
 37 M Ga Jun
Bird, Elizabeth
 40 F Ga Aug
Riley, Mary
 56 F Ga Apr
Bouls, Samuel A.
 6/12 M Ga Feb

Pruitt, Mary
    4 F Ga Oct
Harrison Infant
    1/12 F Ga Feb
Cleveland, David S.
    1 M Ga Feb
Murphy Infant
    1/12 M Ga Feb
Akins, Mary
    98 F Ga Apr W
Payne, William P.
    1 M Ga Jun
Griffin, Permelia
    43 F Va Apr M
Stephens, Stephen B.
    8 M Ga Apr
Lewis, Mary R.
    4 F Ga Nov
Holley, William
    15 M Ga Mar
Askew, Jackson
    15 M Ga Apr
Owens, Susan
    20 F SC Oct
Skelton, Sarah A.
    1/12 F Ga Jun
Bellamy Infant
    1/12 M Ga Oct
Swift, Rhoda
    51 F Ga Dec M
Moss, Westirn Y.
    4 M Ga Nov
Dorch, Elizabeth
    49 F Ga Mar M
Holbrooks Infant
    1/12 M Ga Apr
Childs, Catharine
    65 F Ga Feb M
Mallard, Elijah
    79 M NC Sep W
Sherriff, Juda
    75 F NC Apr W
Haley, Elizabeth
    85 F Va July M
Harris, Joshua
    62 M SC Nov
Harris, Margaret
    21 F SC Aug
Massey, William S.
    1 M Ga Feb
Downs, Elizabeth
    23 F Ga Dec
Pruitt, Kesiah
    70 F NC Jun
Ash, Jesse L.
    9 M Ga Jun
Westbrooks, Thomas
    57 M Ga Feb M
Perry, John
    50 M Ga Aug
Pair, Marcus A.
    2/12 M Ga Aug
Smith, William M.
    3 M Ga Oct
Smith, Daniel D.
    3 M Ga Nov
Little, Robert G.
    52 M Ga Apr
Rucker, Caroline
    3 F Ga Jun

GILMER COUNTY (Pages 219, 22)
Garrow, Elizabeth
    43 F NC Oct M
Williams, Andrew J.
    36 M SC Jul M
Killian, Juliet
    10/12 F Ga Feb
Hyatt, Mary Ann C.
    6 F NC May
Cody, Leaty
    35 F SC Sep M
Willson, Elizabeth
    11 F NC Feb
Chadwick, James
    85 M ? May W
Chadwick, David
    11 M NC May
Hill, William T.
    1/12 M Ga Feb
Elliott, Mary J.
    1/12 F Ga Dec
McCay, Milly
    30 F NC Oct M
Mull, James N.
    21 M NC Feb
Patterson, Lovina E.
    2 F Ga Mar
Griffith, John W.
    6/12 M Ga Feb
------, Charity Jane
    1/12 F Ga Apr
Kelly, Winney E.P.
    9/12 F Ga Jul
Allen, James M.
    4/12 M Ga Nov
Payne, Ruth
    18 F Ten Aug
Gable, Ibby
    67 F NC Jul M
McClain, Edwin
    12 M Ga Jun
Dean, Martha
    78 F NC Jun W
Anderson, George A.M.
    1/12 F Ga Sep
Millsaps, Thomas A.
    1 M Ga Mar
Land, William B.
    11 M Ga Apr
Douthet, Robert N.
    16 M Ga Apr
Dunken, Martha
    1/12 F Ga Nov
Crawford, Mary E.
    8 F Ga Oct
Ellis, James
    59 M Ga Jul M
Ellis, Walter W.
    38 M NC Sep M
Jones, Litle
    32 M NC Apr M
Dillard, John
    67 M Va Jul M
Cole, John
    5/12 M NC Dec
Huskey, June
    8 F Ten Jun
Wilkens, Isaac
    50 M NC Feb M

Ogle, Aaron
    23 M Ten May
Worley, Watson
    9 M Ga Oct
Stephens, Lucinda
    21 F Ga May M
Patterson, Nancy
    26 F Ga Apr
Bowden, Leander
    1/12 F Ga Dec
Withrow, John
    79 M NC May M
Harrelson, Berrnian
    29 M NC Apr
Ameaves, John
    1/12 M Ten Sep
Stroup, Solomon F.
    9 M NC Apr
Miller, Sarah
    54 F NC Jan M
James, Martha H.
    32 F SC Oct M
Mullenak, Mary A.
    1 F Ga Aug
Standbridge, Baile
    23 M NC Jul
Jones, Horatio M.
    11 M Ga Mar
McGaha, Mary E.
    3 F NC Oct
Tatum, Selena A.
    24 F ? Apr
Wright, Martha
    8 F Ga Mar
Teague, Jinsey
    27 F NC May M
Newbury, Sarah
    20 F NC Oct M

GLYNN COUNTY (Pages 223,26,28,29)

Armstrong, William
    87 M NC Aug M
Couper, John
    91 M Scot Mr W
Couper Infant
    180 Da M Ga Jan
Scott, William
    46 M SC Sep
Harris, John B.
    57 M Ga Feb
Dubignon, Amelia
    64 F France May
Dubignon, Joseph
    36 M Ga Apr
Berrie, Infant
    48 Da M Ga Oct
Taylor, Silas
    36 Da M Ga Oct
Andrea, Elizabeth
    7/12 F Ga Apr
Higginbotham, Henry F.
    7 M Ga Apr
Higginbotham, Mary M.
    3 F Ga Dec
Moody, Charlotte
    1 F Ga Nov
Piles, Mary
    94 F Ga Nov W

Long, Theodosia S.
    24 F Ga Jan M

GORDON COUNTY (Pages 231,33,36)

Vaught, Elizabeth A.
    1/12 F Ga May
Phillips, Mary
    20 F Ga Jul
Burye, Nathaniel
    59 M NC Nov
Calwell, James N.
    10 M Ga May
Caldwell, Isaac G.
    8 M Ga Dec
Gibson, James
    26 M Ga Dec
Gibson, Elijah
    28 M Ga Dec
Tracy, Cynthia M.
    28 F SC May M
Lockridge, Elizabeth
    9 F Ga Nov
McClure, John
    40 M NC Mar M
Harris, James
    1 M Ga Nov
Thomas, Emily
    1 F Ga Nov
Blalock, John
    75 M NC Oct M
Ponder, Ailsey
    50 F SC Dec
Hulsey, William
    1 M Ga Aug
Cameron, Jane
    2 F Ga Oct
Ellis, Michael J.
    1 M Ga Nov
Crow, Elisha
    4/12 M Ga Nov
Durham, Wm.
    58 M NC Oct
Bowdon, Sarah B.
    6/12 F Ga Sep
Scott, John
    50 M SC Nov
Scott, Samuel
    22 M SC Oct
Bray, Columbus J.
    4/12 M Ga Aug
Green, Jasper
    18 M SC Jan
Green Lucinda
    20 F SC Apr
Scott, Harriet
    2 F Ga Aug
Scott, Henry J.
    4 M Ga Jan
Shaw, Kiker
    20 M NC Nov
Shockley, Georgia
    5 F Ga Nov
Henderson, Elizabeth
    4 F SC Jul
Walker, Sarah A.
    50 F Md Apr
Cantrell, Wm. B.
    4/12 M Ga May

McGill, Mary E.
    1 F Ala Oct
Neal, Nancy
    40 F SC Jan M

GREENE COUNTY (Pages 236-8; 240-2-4-6-8; 250-1-3-4-7-9; 261-3-4)

Moore, Amelia A.
    2 F Ga Feb
Moody, Mary
    60 F NC Apr
Rowland, Emily
    45 F Ga Feb
McGibony, Nancy
    74 F Ga Apr W
Armor, Martha
    25 F Ga Oct M
Hall, Mary E.
    15 F Ga Oct
Kittle or Keitle, Sanford
    18 M SC Apr
Jackson, Moses
    80 M Va Jun W
Moore, Burnette
    63 M NC Dec M
Askew, Wm.
    42 M Ga Dec M
Wynn, Douglas
    29 M Ga Apr
Longston, Jese F.
    1/12 M Ga Mar
Smith, Ebenezer
    58 M Ga Oct W
Smith, Frances
    19 F Ga Oct
Credillo, Grey
    72 M Va Jun W
Brown, -----
    2 M Ga Dec
Bruce, Monroe
    1 M Ga
Edmondson, Elizabeth
    77 F Va Dec W
Whitesides, Sarah
    75 F NC Aug W
Cuvent, Rebecca F.
    49 F Ga Sep M
Cuvent, Ellen C.
    19 F Ga Dec
Griffin, Waller, Jr.
    1/12 M Ga Feb
Kelly, Mary E.
    50 F SC Jun M
Whitesides, Sarah
    38 F NC Sep W
Armor, Martha A.
    28 F Ga Sep M
Williams, Thos.
    8 M Ga Fell
Bryan, John C.
    4/12 M Ga Jun
Graham, H.R.
    60 M NC Aug M
Carter, James
    18 M Ga Mar
Hillyer, H.C.
    9/12 F Ga Sep

Fellingim, Jesse
    3/12 M Ga Jul
Waller, ------
    2 F Ga Aug
Taylor, Littleberry
    18 M Ga Nov
Vaughan, George W.
    12 M Ga Nov
Calver, Alexander
    10d M Ga Dec
McClesky, Infant
    2hr M Ga Sep
Monfort, John
    74 M NJ May M
Branch, Zachry T.
    10/12 M Ga Apr
Carmichael, Nancy
    1 F Ga Nov
Hallfriend, A.W.
    22 M Ga Jul
Wright, Cephas
    20 M Ga Aug
------, Alsey
    1 M Ga Jul
Mass?, James
    63 M Ga Jun M
Borhill, Elizabeth
    23 F Ga Feb M
Borhill, John J.
    4/12 M Ga May
------, Lousiana
    3/12 F Ga Jun
Biggers, Fany
    69 F Va Aug
White, Rebecca
    18 F Ga Feb
Kimbrough, Nancy
    18 F Ga Feb M

GWINNETT COUNTY (Pages 265,67,70,72)

Carrol, Thomas
    43 M Ga Oct M
Lee, Barney T.
    4 M Ga Jan
Lee, William
    46 M SC Jul M
Allison, Thomas Jr.
    24 M SC Mar M
Steel, Martha Ann
    20 F Ga Apr
Sanford, Sarah M.
    6 F Ga Apr
Veal, Susannah
    4/12 F Ga Sep
Anderson, John R.
    6 M Ga Jun
Juhan, Eveline K.
    41 F SC Jun M
Gordon, Alexander
    9 M Ga May
Jorden, Sarahann
    25 F Ga Sep M
Wells, Edy E.
    21 F Ga Nov M
Knight, Maryann
    17 F Ga Aug
Knight, Davis E.
    16 M Ga Nov

Rutledge, Martha S.
  2 F Ga May
Webb, Elizabeth
  32 F Ga Jun M
Hitchcock, David *
  68 M Va Nov
  *Insane
Bagget, Sarah F.
  3 F Ga Aug
Brand, James
  40 M Ga Oct M
Lanier, Margaret
  2 F Ga Feb
Cockrell, Elizabeth
  79 F SC Jun
Whitworth, Isaac
  28 M Ga Dec
Cates, James H.
  32 M NC Nov
Cates, Robert
  76 M NC Dec M
Johnson, John W.
  27 M Ga Dec
Vinyard, Allen
  45 M Ga Dec M
Infant c/Wm Camp
  4/12 M Ga Dec
Kiny, Rachel
  34 F Ga Apr M
Beaty, James
  64 M NC Aug M
Bramblet, Anna
  48 F SC May M
Ginnings, Benjamin T.
  9/12 M Ga Aug
Akers, John
  77 M Va Sep
Bowen, John
  87 M   Jan W
Adkinson, John
  64 M Va Apr
Dunbar, Emily P.
  20 F Ga Apr
Brownlee, Maryann
  7 F Ga Mar
McDaniel, Elias
  12 M SC May
Hutchins, Hines? H.
  19 M Ga Nov
Hutchins, Polk F.
  6/12 M Ga Oct
Simmons, Caswell T.
  25 M Ten Apr
Sterling, Mary
  39 F Ga Jun M
Shadowick, Sarah
  86 F Va Apr M
Martin, Thomas
  7 M Ga May
Williams, Margaret
  65 F Md May
Shackeford, Hiram B.
  25 M Ga Oct
Norton, Wiley J.
  37 F Ga Oct
Blount, Martha A.
  2 F Ga May
McKinney, Louisa
  1 F Ga Dec

Low, James
  55 M Va Nov
Armstrong, Deborah
  75 F Pa Jan W
Bagley, Nancy
  71 F NC Jan W
Taylor, Daniel P.
  14 M Ga Jan
King, Warren
  7 M Ga Jan
Davis, John M.
  3 Infants b Ga ---
Allison, Thomas Senr.
  70 M SC Jan
Osborn, Delmus H.
  4 M Ga Apr
Osborn, Syntha
  22 F Ga Mar
Infant/Wm. J. Stuart
  1/12 F Ga Mar
Clark, Wiley V.B.
  9 M Ga May
Johnson, Elizabeth
  18 F Ga Aug
Hays, Elias
  51 M SC Apr M
Upchurch, Elizabeth
  65 F NC Mar M
Martin, Prudence E.
  32 F Ga Mar W
Driver, Jacob
  71 M SC Feb M
Mattbie, Infant of J.
  3/12 M Ga Jul
Higgins, Samuel F.
  1 M Ga May
Dodds, Martha
  73 F Va Jun
Mattox, Saphera
  2 F Ga Oct
Newsom, Eliza A.
  6 F Ga Dec
Brand, James F.
  4 M Ga Jun
Vaughn, William R.
  2/12 M Ga Dec
Ethridge, Benjamin
  54 M Ga Aug M

HABERSHAM COUNTY (Pages 273,75)

Dobbins, Caroline *
  36 F SC 9/14 M
Thompson, Charles
  1 M Ga+ 10/15
Alexander, Elizabeth **
  47 F NC 10/4 M
Shirley, Sabra
  10 F Ga 2/18
Shirley, Rebecca
  12 F Ga 3/5
Shirley, S.M.
  2 F Ga 4/10
Sage, Mary
  75 F ? Mar W
Richardson, Mary ***
  45 F NC 6/4 M
L?oirbee?, Elizabeth **
  86 F Md 10/2 W

Cleveland, John H.
    65 M NC 12/7 M
Barr, Mary *****
    74 F SC Sep W
Johnston, E.M.
    14 F SC Aug
Pilgrim, Thomas
    12 M Ga Nov
Odel, J.W.
    4 M Ga 9/17

* Baptist; ** Methodist; *** Seamstress; ****Methodist; ***** Presbyterian (Note: This enumerator gave all known information, even the day of month, religious affiliation. He showed that Charles Thompson was born in Clarksville.)

HALL COUNTY (Pages 277,80)

Wood, Edmon
    77 M Va Feb
Chastain, William
    66 M SC Oct
Pinson, S.H.
    9 M Ga* Mar
Ellis, Wiley
    1/12 M Ga* Feb
Hail, Salathial M.
    42 F Ga** Feb
Martin, Gideon
    1 F Ga* Jun
Haines, Saso
    72 M ? ? M
Durham, Hiram
    11 F Ga* Dec
Herly, Polly
    1 M Ga* Jan
Barnwell, W.W.
    1/12 M Ga*** Nov
Hawks, W.B.
    1/12 F Ga* Oct
Barnett, C.
    39 F Ga Jan M
Wells, Anderson
    6 F Ga Jan
Johnson, Mary
    39 M SC Jul

*b. Hall Co.; ** b. Lumpkin, Ga.

Ducket, John
    1 M Hall Dec
Truelove, Landon
    5/12 F Hall Dec
Seay, Dustin
    19 F Hall Dec
Blackwell, Martin
    24 F Hall Aug M
Blackwell, Josiah
    47 F SC Apr
Jones, Jno.
    23 M Hall Mar
Cavender, Clement
    4/12 M Hall Mar
Fergason, ___ley H.
    6/12 F Hall May

Lane, -ary, Merchant
    58 M Va May M
Eberhart, G. _?
    4 M Hall Jun
Whitmin, Henderson
    5 M Hall Jan
Bell, Narcissa
    56 M SC Mar
Goulder, Oliver
    98 M Gery May
Anner, Tailer
    3 M Hall Jul
Fortner, Benjamin
    19 M Hall Jul
Paterson, L.T.
    2 M Hall Jun
Allen, Robert T.
    2 M Hall Sep
Wilson, Rachel, Farmer
    49 M SC Jan M
  do   do
    21 M Hall Mar
Bagwell, Micajah
    1/12 M Ga* Sep
Mackmim?, Elizabeth
    68 M SC Mar M
Manus, Everett
    1 F Hall Sep
Wigly, G.W.
    40 F Hall Oct M
Baldwin, Benj.
    4 F Hall Jul
East, Sara
    72 F SC Apr
Alexander, Jas?
    15 M Hall Mar
Ore, Daniel
    5/12 M Hall Jul
  do   do
    5/12 M Hall Jul
Stricklin, Martha, Weaver
    80 M NC Nov M
Sherwood, Nancy, Farmer
    38 M Ire Nov M
Camp, Aaron
    2 M Hall Jun
Miller, W.
    15 M Hall Aug
Eberhart, D.G.
    3 M Hall Jun
Bryant, William
    2 M Hall Dec
Riley, John
    55 F Va Mar
Ruals, S.S.
    4 M Hall Aug
Furr?, Stephen
    6/12 F Hall Oct
Head, J.
    6 M Hall Aug
Powers, T.
    80? M NC Oct M

Note: The enumerator was very careless in noting the sex of the deceased.

HANCOCK COUNTY (Pages 281,84,85,87)

Jackson, James S.
    5/12 M Ga Nov
Sasnett, Joseph R.
    56 M NC Jul M
Stewart, Priscilla C.E.
    8/12 F Ga Jul
Shell, Elizabeth F.
    18 F Ga Sep
Perkins, Celia R.
    34 F Ga May M
Thornton, James T.
    1 M Ga Aug
Palmer, Benj. F.
    32 M Ga Oct
Bass, Wyatt
    1 M Ga Sep
  as written:
  Neily/Waller/
    13 F SC Feb
Rainwater, Solomon
    12 M Ga May
Henry, Benjmn.
    72 M Va May
Holmes, Aaron
    61 F Ga May M
Reynolds, Elizabeth
    91 F Dela May W
Colbert, Wm. T.
    1 M Ga Jul
Trippe, Julia C.
    1/12 M Ga May
Ransome, James
    53 M NC Jan M
Jackson, Wm.
    47 M Ga Jul M
Shaffer, Jos. S.
    42 M Ga Feb M
Tyns, Elizabeth
    80 F Va Jun W
Evans, Ann H.
    19 F Ga Oct
Evans, Missouri B.
    17 F Ga Oct
Hall, Alatanta
    3 F Ga Oct
Wilson, Mary Ann
    7 F Ga Sep
Jordan, Sarah
    72 F NC Apr W
Camp, Samuel R.
    1 M Ga Nov
Brundage, Marietta
    2 F Ga Sep
Jackson, Jas. S.
    2/12 M Ga Nov
Roberts, Susan A.
    3 F Ga Oct
Dunn, Rhoda
    43 F Ga Nov
Smith, Wm. M.
    3 M Ga Sep
Smith, Thomas
    59 M Ga Feb

McElhaney, Isaac
    34 M Pa Jan M
Johnson, John A.
    3 M Ga Aug
Heard, Frances
    20 F Ga May M
McFarland, Frances
    19 F Ga May M
Buckhannan, Benj.
    9/12 M Ga Jul
Kinabro, David
    7/12 M Ga Aug
Tritt, Amelia B.
    3 F Ga Jan
Williamson, Iverson
    23 M Ga Feb
Layfield, Zackariah
    7 M Ga Sep
Hutson, Thomas L.
    13 M Ga Oct
Bunn, John L.
    1 M Ga Jan
Millnor, Thomas
    13 M Ga May
Oliver, Edward
    5 M Ga Feb
Murphey, Sarah
    1 F Ga Sep
McCarter, Wesley D.
    11? M --Jun
Bowles, Reuben
    17 M Ga Sep
Hatty, Elizabeth A.
    40 F Ga Jan M
Staten, Winfield C.
    4/12 M Ga Jun
Street, Ashley W.
    44 M Ga Nov M
Allman, Elizabeth
    47 F Ga Dec M
Wadkin, America
    50 F NC Dec M
Pace, Mary
    37 F NC Jan M
Byers, Zachariah
    56 M NC Mar M
Henden, Thomas
    58 M NC --- M
Horn, Mary D.
    1 F Ga Aug
Blackman, Margaret
    1 F Ga Aug
Houston, J.M.
    9 M Ga Sep
Tommy, Oliver P.
    16 M Ga Jul
Askew, Ellen J.
    2 F Ga Jul
Dennis, John
    18 M SC Apr
Griggs, William
    57 M Ga Jun M
Stevy, Laury
    40 F Ga Mar M
Lewis, John A. (Shot)
    33 M Ga Mar M

HARRIS COUNTY (Pages 289;92,93,96,98)

Cone, William F.
    6/12 M Ga Mar

30.

HEARD COUNTY (Pages 299 & unnumbered)

Ford, Martha 1 F Ga Aug
Knott, Wm. N. 9 M Ga Sep
Knott, Elizabeth 105 F SC Aug W
Knott, Benjamin 15 M Ga Jul
Philpot, Sarah 57 F Va Oct M
Turner, Samuel B. 51 M Ga --- W
Livingston, Allen 39 M Ga Dec M
Brown, Joseph ? M Ga Jul
Mosely, Sarah 90 F NC Jun W
Glover, Ceopatra 1 F Ga Feb
McDonald, James H. 3 M Ga Nov
Ghint?, John B., Physician 42 M Va Dec M
Harris, Mamie 4 F Ga Dec
Porter, Oliver N. 6 M Ga Jul
Mosely, Sarah J. 3 F Ga Sep
Gentry, Robert S. 3/12 M Ga Nov
Bird, Lewis 19 M Ga May
Kirk, Elizabeth 21 F Ga Oct
Thornton, Margaret 56 F Ga Aug M
Brown, Ezekiel 53 M Ga Nov M
Barnes, John 21 M Ga Oct M
Lipscomb, Nathan 48 M Va Oct M
Lipscomb, George W. 21 M Ga Dec
Cato, David 4/12 M Ga Aug
Crouch, Mary A. 23 F Ga Feb

HENRY COUNTY (Pages 304,5,6,7)

Brock, Valentine 34 M SC Apr M
Ellis, Garland M. 3 M Ga Jun
Caston, Jos. M. 20 M SC Jun
Crowell, Rachael C. 4 F Ga Jun
Castellow, Jas. M. 8/12 M Ga Jun
Mason, Abner L. 14 M Ga May
Rosser, Allen T. 2 M Ga Oct
Mason, Wm. J. 3/12 M Ga Sep
Rosser, Luraney 3/12 F Ga Feb
Rosser, Moses 55 M NC Aug M
Colvin, Mary E. 2 F Ga Sep
Richardson, Ruth S.J. 1 F Ga Mar
Summerlin, J. -- Ga Dec
Teal, Geo. D. 1 M Ga Jul
Barker, Joseph S. 3/12 M Ga Jun
Lewis, Jas. 47 M Ga Dec M
(as is): J (Child) -- M Ga Jun
Parker, Lucinda M. 5 F Ga Dec
Lewis, Geo. 68 M Ga --- M
McGinty, John W. 6 M Ga Jan
Fortner, Letitia 69 F NC Sep M
Buckner, J.M. 8/12 M Ga Sep
Stanfield, P. 14 F Ga Sep
Snead, D.H. 7 M Ga Sep
Porter, J.C. 6/12 M Ga Jun
Porter, Jane 75 F Ire Jul
Taylor, J.W. 15 M Ga Aug
Dunn, M.D. 11/12 F Ga Oct
Gardner, S. 32 F Ga Sep
Smith, M.H. 1 F Ga Apr
Carroll, P.L. 1/12 M Ga May
Upchurch, C. 37 F NC Sep
Cloud, L. 10/12 M Ga Nov
Cloud, E. 93 M SC May M
Burnett, C. 28 F Ga Nov M
Friar, J. 8/12 M Ga Aug
Elkins, M.E. 1 F Ga Apr
McCants, Eliz. 79 F SC Dec
Crawford, J. (as is) 9 F Ga Jul
Crawford, J. (as is) 9 F Ga Jul
Stephens, N. 75 F NC Feb W
Cooper, J. 1/12 M Ga Jul

Name	Age/Sex/Birthplace/Month
Carroll, M.J.	1/12 F Ga May
Head, J.P.	1 M Ga Jul
Phillips, J.W.	3/12 M Ga Dec
Garner, J.	1/12 F Ga Jun
Bartlett, H.J.	4 M Ga Dec
Grant, N.J.	26 F SC Nov
Underwood, J.	1/12 M Ga Oct
Copeland, W.P.	21 M Ga Oct
Akin, W.Q.	2/12 M Ga Nov
Johnson, M.	1 F Ga Nov
Piper, M.	2 F Ga Jul
Green, M.S.	22 F Ga Dec
Joiner, J.J.	2 M Ga Jan
Harkness, J.	53 M NC Nov M
Upchurch, H.	27 F Ga Mar
Duke, J.	5/12 M Ga Mar
Baker, J.	1/12 F Ga Jun
Glass, W.T.	1/12 M Ga Apr
Stokes, Dr. J.	56 M SC May M
Credille, E.	39 M Ga Jun M
Foster, J.M.	49 M SC Nov M
Landers, J.N.	7 M Ga Apr
Boyington, E.S.	65 M SC Nov M
Turner, B.	65 M Va Jan M
Turner, H.	69 M Va Aug W
Jenkins, M.A.	9/12 F Ga Jul
Gaddy, J.W.	15 M Ga Feb
Hightower, J.	1/12 F Ga Feb
Medlock, W.S.	10/12 M SC Jul
Griffin, C.W.	16 M Ga Jun
Sears, J.M.	6/12 F Ga Sep
Tremble, S.A.	16 F Ga Sep M
Guest, T.	1 M SC Aug
Campbell, Jas.	80 M SC Mar W
Ragsdale, S.	1/12 M Ga Oct

Name	Age/Sex/Birthplace/Month
Askew, M.A.A.	29 F Ga Apr
Thompson, J.W.	7 M Ga Jul
Adamson, S.	75 F Ga Nov
Crim, J.W.	3 M Ga Nov
Preston, T.	64 M Va Dec
Clark, A.	47 F Ga Apr M
Fuller, M.E.	3 F Ga Oct
Caldwell, C.	1 M Ga Oct

HOUSTON COUNTY (Pages 313-15-17-19-21-23; 325-27-29-31-33-35; 337-39)

Name	Age/Sex/Birthplace/Month
Lee, James	4 M Ga Apr
Rice, Charles H.	47 M Ga Jan M
Swift, Ann	1 F Ga Feb
Neal, Pearcy	20 F NC Dec
Wingate, William	43 M NC Feb M
Hodo?, Nathaniel	40 M Ga Feb M
Townsley, Robert W.	7 M Ga Jun
Giles, John M. Jr.	2 M Ga Apr
Sucky, Mary	85 F Va Feb W
Wimberly, James P.	3 M Ga Sep
Watson, Allis? W.	29 M Ga M
Chancy, John H.	2 M Ga Oct
Boyl, Martin	40 M NC Jul M
Taylor, Richard J.	13 M Ga Feb
Finley, Elijah	34 M Ga July M
Smith, John F.	5/12 M Ga Jul
Pool, Mary F.	1 F Ga Sep
Speight, Allen C.	5 M Ga May
Singleton, James	12 M Ga Oct
Sater?, Jesse	42 M SC Feb M
Woodard, James	6 M Ga Oct
McElmon, Henry	87 M NC Apr M
McElmon, Martha	40 F NC Jan W
Smith, John D.	9/12 M NC Dec

Ronqemire?, Wm. S.
 3/12 M Ga Sep
Crooms, Margaret
 5 F Ga Oct
Walker, Mary S.
 5/12 F Ga Sep
Myers, Stephen
 11 M Ga Jun
Devenport, Francis D.
 45 F Va Mar W
Rentz, Eliza
 57 F SC Jan M
Sumerford, Henry
 1 M Ga Jul
Colwell, Green
 3/12 M Ga Mar
Ashburn, Francis
 6 F Ga Sep
Burnham, William C.
 10/12 M Ga Mar
Rouse, Mary
 24 F Ga Jan
Rouse, James
 2 M Ga Oct
Horn, John C.
 14 M Ga Jan
Horn, Joab? W.C.
 11 M Ga Feb
Horn, Henry J.
 1 M Ga Feb
Rawls, Daniel
 4/12 M Ga Apr
Edgworth, Emma
 12 F Ga Sep
Cooper, John W.
 67 M Va May M
Murray, Daniel
 25 M Ala May
Anderson, William A.
 1 M Ala Oct
Meadows, James? C.
 8/12 M Ga Jun
Guliver, James?
 50 M Ire Apr
Fulwood, John
 45 M SC Feb M
Carpenter, Lydia
 81 F NY Sep W
Dilliard, ---nnis?
 10 M Ga Feb
Pattisall, Joshua F.
 1 M Ga Oct
Sikes, Sarah
 61 F Va Jul M
Doles, Laura Ann
 5 F Ga Feb
Watkins, Drew E.T.
 6 M Ga Jul
Clark, William F.
 4/12 M Ga Nov
Wilson, Sarah F.
 14 F Ga Jan
Pope, Mathew M.
 2 M Ga Jul
Gunn, Daniel
 56 M Ga Dec M
Sulivan, Jane
 17 F Ga Aug M
Hern, Moses
 13 M Ga Mar

Self, Chappell
 50 M SC Mar M
Jacobs, Abbigail
 30 F Ga Mar M
Sulivan, Michael
 2 M -- Aug
Clayton, Charles D.
 1 M -- Aug
Jerkins, Fany?
 65 F Ga Apr W
Hartley, John
 12 M Ga Jul
Woodson, Rebecca
 35 F Va Feb
Barnes, Joshua
 41 M Ga Jul M
Hutto, Samuel
 65 M SC May W
Asbury, Francis
 42 F Ga Mar M

IRWIN COUNTY (Page 341)

Smith, James?
 5/12 M Ga Jul
Storey, ? Tempy
 7 F Ga Feb
Woods?, Anna M.
 7 F Ga Oct
Handoock, Margaret
 39 F NC Jul M
Statom, Robert
 17 M Ga Feb
Fitzgairls, John
 30? M Ga Apr M
Fitzgairls, Benj.
 3/12 M SC Jan
McCall, Abraham
 48 M Ga Jun M
Toop, Daniel
 12 M Ga Nov
Hevya?, John
 35 M Ga Jan M
Mobly, Elizabeth
 14 F Ga Oct
Mobly, William S.
 18 M Ga Aug
Stone, Robert
 1 M Ga Aug
Flanders, Mark
 4 M Ga Aug
Hand, William
 5/12 M Ga Feb

JACKSON COUNTY (Pages 343-46-47)

Landrum, Joseph
 78 M Ga Aug M
Hewett, Caroline
 10 F Ga May
Williamson, Infant
 1/12 M Ga Aug
Hancock, Jane
 74 F SC Apr W
Cummins, Joshua
 37 M NC Mar M
Griffin, Sarah J.
 1/12 F Ga Oct

Bailey, Eliza
    2/12 F Ga Oct
Lowry, Martha R.
    2 F Ga Aug
Lowry, Emma E.
    4/12 F Ga Apr
Howell, Wm. T.
    1/12 M Ga Jan
Bonds, Arabella
    62 F SC Jan M
Winborn, Georgia A.
    10/12 F Ga Sep
Jarrett, Nathaniel C.
    58 M Ga Nov M
Shaw, Susannah
    70 F Va May W
Williamson, ? L.
    1 M Ga Jun
White, Jesse
    88 M SC Aug W
Harris, Joseph
    21 M Ga Aug
Brown, Samuel?
    78 M Va Apr M
Wimberly, Joshua
    72 M SC Sep M
Anglin, ? F.
    7/12 M Ga Sep
Park, Mary
    26 F Ga Oct M
Hays, Mary J.
    2/12 F Ga Sep
Morris, Louisa J.
    1/12 F Ga Dec
Fulcher, Nancy
    62 F SC Mar M
Watkins, Dedemiah
    7 F Ga May
David, Benjamin B.
    10 M Ga Oct
Ellison, Nancy
    24 F Ga Mar
Pittman, Noah T.
    27 M Ga Jun
Pittman, P.O.
    65 M Va Sep M
Vinson, Wm.
    40 M Ga Oct M
McCarty, Mary
    65 F NC Apr W
Chandler, Ninette
    20 F Ga Jul
Steward, John
    20 M Ga Apr
Strickland, Elizath.
    60 F NC Mar M
Savill, James M.
    1 M Ga Nov
Duncan, Elijah
    50 M NC Mar
Gunter, Martha C.
    1 F Ga Jul
Clark, Wm.
    61 M NC Oct M
Gunter, T.C.
    1 F Ga Jul
Hay, Charles
    30 M Ga Sep
Davidson, Frances E.
    2 F Ga Oct

Minish, Sarah A.
    11 F Ga Nov
Human, Sarah E.
    38 F Ga Mar
Simpson, Isabela
    61 F SC Aug M
Hardy, Frances
    63 F NC Apr M
Butler, Henry S.
    40 M Ga Feb
Williamson, John
    69 M Va Oct M
Howard, Sarah
    68 F SC Apr M
Dougherty, Chas.
    93 M Ire Oct W
Garner, Martin
    86 M NC May M
Baugh, Hull
    1/12 M Ga May
Hudgins, Infant
    1/12 F Ga Dec
Chambers, Louisa C.
    1 F Ga Aug
Carlisle, Infant
    1/12 F Ga May
Long, Sarah
    23 F Ga Feb
Driskell, John F.
    16 M Ga Aug
Bowles, Nancy M.
    36 F Ga Aug
Braselton, Jacob
    64 M NC Dec M
Polk, Sally
    70 F NC Feb M

<u>JASPER COUNTY</u> (Pages 350,51,54,55,
        58,59)

Gantt, Ela M.
    5/12 F Ga May
McKilpack, Duncan
    80 M NC Mar W
Towns, John T.C.
    52 M Ga Jul M
Barr, Eliza J.
    3/12 F Ga Apr
Barber, Thomas
    2Da M Ga Apr
Alexander, James
    1 M Ga Sep
Glover, Ann
    1 F Ga May
Carter, Richard
    84 M Va Aug M
Rainey, Mary
    48 F Ga Jul M
Webb, Alexander F.
    15 M Ga Sep
Crow, Frances
    19 F Ga Jul
Varner, Federick A.
    26 M Ga Dec
Grubbs, William W.
    45 M SC Sep M
Dorsett, Elizabeth C.
    7 F Ga May

Haderway, Mary 2/12 F Ga May
Bell, Benjamin 20 M Ga Jan
Compton, Doctor F. 2 M Ga May
Compton, Elizabeth 75 F Va Apr
Corner, Nancy 5 F Ga Oct
Malone, Isom 4 M Ga Jul
Willingham, William 24 M Ga Apr M
Vaughan, Robert 3 M Ga Apr
Wicher, Margaret 17 F Ga Aug
Wicher, Feriba 1 F Ga Sep
Blackwell, Martha 30 F Ga Dec M
Spear, William 50 M Ga Oct
Tuggle, James 12 M Ga Apr
Foster, Sarah E. 17 F Ga Oct
Key, Margaret 23 F Ga Sep
Clark, Amanda 11/12 F Ga Dec
Akin, Daniel 59 M Ga Jan
Curry, William C. 28 M Ga Jul
Allen, Mary 42 F Ga Apr M
Smith, Jesse 40 F Ga Apr M
Smith, Jesse 40 M Ga May
Pace, Francis 5/12 F Ga May
King, Richmond 7 M Ga Aug
Mayo, Mary 3/12 F Ga Feb
Brown, Louisa 1 F Ga May
Jenkins, Elmira 22 F Ga Aug
Jenkins, Francis 7/12 M Ga Nov
Leverett, William 1 M Ga Sep
Brooks, Charles 21 M Ga Dec
Freeman, Levina 42 F NC Nov
Banks, Eaton 66 M Ga Dec
Lindsey, William 21 M Ga Sep
Phillips, Lewis 67 M NC Jan
Smith, Nancy 36 F Ga Jul
Reece, Mary G. 46 F Ga Jun

Tompkins, Ann 37 F Ga Aug
Wammack, Sophronia 1 F Ga May
Millage, Leasy 40 F Ga May
Jones, Mary J. 4/12 F Ga Sep
Reeves, Nancy L. 4/12 F Ga Nov
Lumsden, Lincey A. 6 F Ga Dec
Willingham, Wm. 55 M Ga Oct

JEFFERSON COUNTY (Pages 361,63,66)

Schley, Charlotte (b. Richmond Co.) 3 F Ga Jan
Thompson, Charles 3/12 M Ga* Jun
Smith, Mary P. 9/12 F Ga* Jun
Thompson, Moses 50 M Ga* Jun M
Hadden, Rebecca 19 F Ga* Oct M
Peebles, Isaac S. 8/12 M Ga* Nov
Brinsond, Moses 84 M Ga* Jan M
Weeks, Margarette A.J. 15 F Ga* Apr M
Walden, Marcus C. 4/12 M Ga* May
Hudson, Elbert (b. Richmond Co.) 53 M Ga Jan W
Arrington, Sarah F. 1 F Ga* Apr
Rogers, Georgia F. 1 F Ga* Jan

(* all born Jefferson Co.)

Pior, Edward (b. Burke Co.) 11 M Ga Feb
Arnold, Unity E. 3 F Ga* May
Bigham, James (b. Burke Co.) 63 M Ga Sep
Covington, Neremiah 22 M Ga* Jun
Thompson, Wm. P. 30 M Ga* Aug M
Thompson, Seabourn 2 M Ga* Nov
Pittman, Robert 75 M Ga* Nov M
Murphrey, Martha B. 52 F NC Jun
Swan, William (b. Barnwell Co.) 65 M SC Jan M
Brown, William R. 5 M Ga* Sep
Smith, Celia M.(b. Burke Co.) 22 F Ga Feb M
Smith, Celia M. 4/12 F Ga Apr M

King, J.T.B. (b. Burke Co.)
              5 M Ga Dec
Smith, Celia M.
              4/12 F Ga* Apr
King, J.T.B.
              5 M Ga* Dec
Burke, Mary L.
              1 F Ga* Mar
Evans, Isom (b. Edgefield Co.)
              55 M SC Dec
Mulling, Amelia
              23 F Ga* May M
Jordan, Sarah
              2/12 F Ga* Mar
Watkins, Dicy A.
              1/12 F Ga* Jul
Wright, Ambrose
              80 M Ga* Jun W
Paidiso, Wm.
              76 M Ga* Jun M
Davis, William
              76 M Ga* Oct M
Nesworthy, Emily (b. Burke Co.)
              28 F Ga Aug M
Daniel, Rose P.
              4 F Ga* Sep
Prichard, Margarette
              44 F Ga* Jul M
Hudson, Margarette
              11 F Ga* Oct

(*all born Jefferson Co.)

JONES COUNTY (Pages 370,72,73)

Green, Mary Ann
              35 F Ga Jan M
Barnard, Levi J.
              22 M Ga Nov M
Duncan, George
              36 M NC Nov W
Duncan, Margaret J.
              33 F Ga Sep M
Hambric, Hanna
              65 F -- May
Drew, Newit
              54 M NC Sep M
Drew, Lucy
              45 F NC Oct W
Carson, John H.
              6 M Ga Jun
Stripling, George C.
              6 M Ga Nov
Phillips, no name
              1/12 F Ga Feb
Simmons, James
              37 M Ga Oct M
Smallwood, Augusta
              2 M Ga Sep
Moore, Mary A.
              22 F Ga Oct
James, John
              1/12 M Ga Nov
Dixon, Hickmon
              50 M Ga Nov
Powell, Mary
              10/12 F Ga Jul
Dogit, Catharine L.
              25 F Ga Aug M

Renfroe, Jane
              30 F Ga Mar M
Finney, Harriet R.
              1 F Ga Mar
Watts, Milton
              22 M Ga Apr
Barrow, Mary A.
              29 F Ga Jun M
Lindsey, Jesse H.
              3/12 M Ga Jun
Scott, Daniel
              54 M Ga Feb
Gray, James
              61 M Ga Aug W
Tufts, Francis
              69 M Mas Jun M
Stephens, James B.
              35 M Ga Oct M
Williams, John
              72 M NC Dec M
Weathersbee, Mary A.
              31 F Va Jul M
Jackson, James E.
              2 M Ga Jan
Childs, Lucky
              65 F Ga May
Allen, Thomas
              17 M Ga Jun
Gordon, Abigail
              2 F Ga Dec
White, Thomas S.
              1 M Ga May

LAURENS COUNTY (Pages 375,78)

Bush, Benj^d T.
              4 M Ga Nov
Holloman, Budline
              38 F Ga Oct
Smith, Mary
              55 F Ga Apr W
Stanley, Edward R.
              5 M Ga Sep
Bush, S.A.
              11 F Ga ---
Souther, Chas.
              6 M Ga Aug
Scarboro, D.F.
              3/12 M Ga Dec
Branch, Rachel
              84 F Ga May W
Clemens, S.A.
              10 F Ga Aug
Hightower, Jas.
              35 M Ga Sep
Slanter, E.N.
              8 M Ga Dec
Blackshear, C.E.
              4/12 M Ga May
Davis, M.E.
              19 F Ga Jun
Simson, Julian
              17 F Ga Aug M
Britan, Julian
              8 F Ga Oct
Miller, O.T.
              16 M Ga Oct
Miller, Francis
              3 M Ga Jun

Scarboro, Betsey
    67 F NC May
Anderson, Jno. G.
    62 M Ga Oct
Bennifield, D.
    8/12 M Ga Oct
Hester, James
    8 M Ga Oct
Walden, J.D.
    8 M Ga Oct
Oneal, Elenor
    73 F NC Jul W
Hampton, Benj.
    6 M Ga Jul
Vickers, Mary
    54 F Ga Oct M
Slantin, Martha
    1 F Ga ---
Wright, Abram
    23 M Ga ---
Hightower, J.W.
    12 M Ga Aug

LEE COUNTY (Pages 380-2-3-5)

Hobs, Louiza M.
    1 F Ga Mar
Hicks, Henry N.
    22 M Ga Sep
Hair, Joseph A.
    15 M SC Aug
Pie, Lewis
    54 M Ga Sep W
Bullock, M.
    75 F Ga Mar M
Avery, R.F.
    13 M Ga Dec
Clark, Thomas C.
    1 M Ga Jan
Hughes, Jas. K.P.
    5 M --- Mar
Welsh, R.W.
    62 M Va Sep M
Flinn, Harriet
    22? F Ga Oct
King, Seaborn
    3/12 M Ga May
Laing, No Name
    1/12 M Ga Oct
Jordan, B.W.
    28 M Ga Mar
Wilkerson, Martha J.
    6/12 F Ga Jan
Paul, Andrew L.
    40 M SC Oct M
Johns, Nancy R.
    4 F Ga Sep
Huckaby, John W.
    27 M Ga Apr M
Banks, Sophronia
    8 F Ga Sep
Hagan, Charles
    77 M NY Dec W
Thomas, Mary A.E.
    6 F Ga Aug
Parker, Elizabeth J.
    36 F NC Aug M
Clemant, James A.
    16 M Ga Nov

Chastain, Harriet E.
    44 F SC Feb M
Harris, Julia
    34 F Ga Jan M
Butler, Thomas
    73 M NJ Jan W
Jackson, Virginia H.
    4 F Ga Sep
Hudnall, Simeon
    4 M Ga Jul
Clemans, Arthur
    17 M Ga Oct
Kitchens, John H.
    24 M ---
Garven, Tabitha
    58 F Ga Jan M
Whitlock?, Lessia? A.
    28 F Ga Nov M
Jordan, Enoch
    35 M Ga Nov M
Mitchell, George M.
    1 M Ga Sep
Foche?, Jane
    35 F Ga Apr M
-----?, Adeline
    1 F Ga Sep
Guinett, Robt. C.
    3 M Ga Sep
Robey, James
    4 M Ga Oct
Grant, William
    15 M Ga Jan
Dean, Nancy
    25 F NC Apr M
Barbaree?, Sarah
    86 F Ark Apr M
Doling, James
    57 M N-?, Sep M
Wiseman, Isaac
    1/12 M Ga Jul
Lawhorne, Noel
    83 M NC Sep M
Meadow, John T.
    1 M Ga Sep
Caldwell, Robert
    3/12 M Ga Feb
Grubb, Martha
    9/12 F Ga Jun
Dubose, Sarah
    5 F Ga May
Griffin, Aug C.
    9 M Ga Nov?
Mclendon?, Aninias
    19 M Ga Jan

LIBERTY COUNTY (Pages 385-7; 390-1-4)

Chesser, Thomas
    74 M SC Nov M
Fennell, Sarah A.M.
    31 F Ga Jul M
Price, Mary
    39 F NC Mar
Standley, Julian A.
    1/12 F Ga Mar
McVeigh, Sarah
    3 F Ga Feb
McGowen, Emily
    56 F SC Nov W

Baker's, K.L. house, Infant at
    8Da F Ga Mar
Gaulden, Cornelia R.
    4/12 F Ga Sep
Lewis, Hezekiah
    32 M Ga Feb M
Bohannan, Mary A.
    6/12 F Ga Feb
Moody, George H.
    1/12 M Ga Feb
Moody, Frances
    19 F Ga May M
Perry, Abial
    37 M Ga Apr M
Winn, Mrs. Eliza
    60 F Ga Feb W
Anderson, Eveline E.
    27 F Ga Oct M
Way, Mary C.
    43 F Ga Jul M
Perry, Ann E.
    19 F Ga Jul M
Perry, George W.M.
    23 M Ga Jan M
Perry, Ann E.V.
    2/12 F Ga Sep
Hubbard, Timothy
    60 M SC May M
Hubbard, Mary A.
    23 F Ga Jan
Sauls, Isaac
    70 M SC Oct W
Long, Sarah
    70 F SC Oct
Mallard, Emily T.
    2 F Ga Apr
Green, Mrs. Martha
    72 F Ga Mar W
Strickland, Emily
    6 F Ga Mar
Smith, Martha L.
    19 F Ga Jul

LINCOLN COUNTY (Pages 396-7-9)

Reid, John
    60 M Ga Feb M
Oneal, Infant
    2Da M Ga Oct
Clary, Wm. W.
    20 M Ga Apr
Parker, Martha
    16 F SC Apr
Willis, Emma J.
    10/12 F Ga Jun
Walker, Elizabeth
    26 F Ga Jul
Matthews, Jane J.
    7/12 F Ga Jul
Ulm, Augustus
    28 M Ga May
Henderson, Hugh
    40 M Ga Jul
Nally, Hanly
    73? M Md Oct
Tillery, Hosanah
    3/12 F Ga Aug
Bholen, Ann
    20 F Ga Apr

Moncrief, Sarah T.
    27 F Ga Oct
Ramsey, Louise
    10/12 F Ga Sep
Roberts, Martha E.
    1/12 F Ga Mar
Paschal, Eliza Ann
    31 F Ga Jul
Geter, Edmund W.
    13 M Ga Oct
Gray, Isaac
    37 M Ga Aug M
Bussy, Charles A.
    1 M Ga Dec
Thies, Charles A.
    30 M Ga Dec M
Pitman, James N.
    23 M Ga May M
Freeman, Emily
    33 F Ga Apr
Wooly, Sarah M.
    39 F Ga Aug
Callile, Jinny
    80 F Ga Nov
Jones, Elizabeth
    68 F Va Nov
Roberts, Elizabeth
    75 F Va Nov
Brack, None
    1/12 M Ga Apr
Howes, Amanda
    2 F SC Oct
Cobb, Jane
    4 F Ga Sep

LOWNDES COUNTY (Pages 402-3)

Jones, Seaborn
    34 M Ga Nov M
Lewis, Irwin J.
    32 M Ga Sep M
Franklin, Nancy
    27 F -- Feb M
Edmondson, Infant of J.
    2Da F Ga Aug
Barrs, Isaac
    30 M Ga Aug M
Watson, Infant of W.J.
    1Da M Ga Sep
McLeod, Flora
    29 F NC Mar M
Griffin, James
    12 M Ga Mar
Harn, William
    1 M Fla Aug
Moore, James
    55 M NC Jan M
English, James
    15 M Ga Jan
Wilson, John
    21 M NC Apr
Pinkston, Geo. W.
    5 M Ga Mar
Dean, Infant of W.E.
    10Da F Ga Jan
Hill, John
    82 M Ga Apr M
Almons, Jasper
    3 M Ga Sep

Brinson, Stephen
          66 M NC Dec M
Jones, Francis M.
          55 M Ga Dec M
Albritton, Matthew*
          75 M NC Nov M
(*Primitive Baptist Clergyman)
Hightower, John
          76 M SC Jul W
Knights, Infant of W.E.
          7Da F Feb
Rhoden, Jacob
          23 M SC Feb
Wetherington, Curtis
          45 M --- Jun M
Peters, Malsey
          3 F Ga Jul
Mullis, John
          5 M Ga Sep
Chitty, Infant of J.M.
          1/12 M Ga Jun
Saunders, Elizabeth
          5 F Ga Aug
Saunders, Jesse D.
          5/12 F Ga Dec
Sutton, John J.
          4/12 M Ga Dec
Lindsey, Samuel H.
          1 M Ga Oct
Sirmons, Jonathon
          54 M Ga Feb M
Wilkinson, Sarah
          26 F SC May
Folsom, Rachel
          80 F NC Nov W
Beasley, Elijah A.
          2 M Ga Sep
Leigh, Eleanor
          1 F Ga Nov
Bone, George
          36 M SC Jul M
Bone, Wm. H.H.
          8 M Ga Mar
Spivey, Demarius
          16 F Ga Mar
Mullis, Doctor
          12 M NC Sep

CLINCH COUNTY (Page 403)
(Part which was Lowndes)

Morgan, Riley
          9 M Ga Dec
Elster, Benjamin
          50 M NY Jan M
Morgan, Frances
          1 F Ga Oct
Bennett, John
          87 M NC May M

LUMPKIN COUNTY (Pages 405-6)

Blahall?, Thomas C.
          6 M Ga Jan
Carter, Jane
          58 F SC Jul W
Carter, Mary
          1 F Ga Mar
Whitfield, Lucinda
          42 F SC Nov M

Whitfield, Silus
          1/12 M Ga Nov
Brown, Mordica
          60 M Va Sep M
Elrod, babe
          1/12 M Ga Sep
Graham, Augustus C.
          10/12 M Ga May
Castleberry, Elija
          58 M Ga --- M
Cilinnvent, Mary
          80 F Ga Sep M
Thompson, Emry
          1/12 M Ga Sep
Edwards, Wm. L.
          81 M Ga Jul M
Smith, Sophia
          1 F Ga Aug
Perry, Reuben R.
          1 M Ga Aug
Fletcher, James
          64 M NC Mar M
Linch, Patric
          44 M Ire Oct M
Odum, John P.
          50 M SC Oct M
Johnson, Mauderry?
          1 M Ga Feb
Wilkerson, Mary
          60 F NC May W
Dotson, John D.
          2 M Ga --- W
Edwards, Nancy
          77 F Pa Sep M
Bedford, James
          ? M NC Nov M
Bedford, baby
          2/12 F Ga Feb
Williams, John
          90 M NC Jul W?
Linton, Marvin?
          48 M SC Jun M
Rice, James
          50 M SC May M
Young, Wm.
          38 M SC Jan M
Smith, Mary
          10 F Ga Oct
Smith, Elizabeth
          4/12 F Ga Oct
Gouch, Elizabeth
          50 F NC ? M
Parker, Joseph F.
          60+? M Ga Dec M
Peck, Jane
          9 F Ga Apr
Olsten, Elizabeth C.
          48 F SC Apr M
Roux, Nancy
          45 F NC Aug M
Cantrell, Sarah
          1/12 F Ga Aug
Barns, Elizabeth
          25 F Ga Apr
Dobbs, Martin
          36 M Ga Oct M
Oshell?, Catherine
          58 F SC Mar M
Osheil?, Marvin
          15 M SC Jun

Cantrell, Thomas
    14 M/SC May
Chumilda?, Elizabeth
    21 F SC Jun M
Palmore, Stephen?
    67 M SC Aug M
Smith, Darcus
    1 F Ga Jul
Leroper, Joseph?
    4 M Ga Dec
Gaddis?, James
    44 M NC Apr M

MADISON COUNTY (Pages 409, 412)

Benton, -----? (None)
    1/12 M Ga Feb
Sugar, Nancy
    48 F Ga Jan M
Sanders, Harriet
    63 F Md Feb M
Johnson, Jane
    89 F Va Apr W
Smith, Martha E.
    15 F Ga Sep
Tolbert, ----- (None)
    5Hr M Ga Apr
Bone, Martha A.E.
    16 F Ga Sep
White, Sarah A.
    2 F Ga Nov M
Pinson, Joseph
    22 M Ga Mar
Kelly, George W.O.
    65 M Va Dec M
Stephens, Henry D.
    2 M Ga Jun
Evans, (None)
    3Da F Ga Nov
Tolbert, Elijah R.
    9 M Ga Jul
Davis, Susan
    20 F Ga Mar M
Davis, (None)
    1Hr F Ga Mar
Bryant, Pleasant?
    87 M --- May
Burroughs, Cyntha E.
    5 F Ga Sep
Colbert, Emily
    1 F Ga Feb
Barnett, Elizabeth
    43 F Ga Jan M
Anderson, James
    64 M NC Jul
Jones, Charles A.
    18 M Ga May
Jordan, Priscilla
    70 F Va Jan M
Jordan, Thomas
    75 M Va Feb W
Williams, Frances
    85 F NC Mar ?
Pittman, Martha
    86 F Va Mar M
Wadkins, (None)
    11Da F Ga Mar
Lumford, William R.
    4 M Ga Mar

Daniel, Elizabeth B.
    38 F Ga Nov M
Scarborough, Sarah
    3/12 F Ga Jan
Sugraves, Hardy
    7/12 M Ga Nov
Hix, Sarah E.
    10/12 F Ga Sep
Porter, Martha M.
    1 F Ga Jul
Butler, Letty
    85 F Va Dec M
Nash, Henry E.
    65 M Va Dec M
Nash, Tulanah? A.
    2 F Ga Jan
Fortner, Sarah
    60 F Ga Apr M

MCINTOSH COUNTY (Pages 415-18-19-21)

Buckley, Amenda
    9/12 F Ga Oct
Buckley, Missuria
    3 F Ga Oct
O'Brien, Susan
    86 F Ga Oct W
Cannon, James M.
    5 M Ga Sep
McDounell, Sarah J.
    2 F Ga Sep
Todd Infant
    1/12 M Ga Sep
Todd, Thomas B.
    5/12 M Ga Jun
Jackson, Colean
    3 F Ga Aug
Jackson, Frances
    1 F Ga Aug
Cammell, Henry
    69 M SC Feb W
Palmer, Anna W.
    10/12 F Ga Jul
Street, W.C.
    35 M Ga Oct M
Dogget, John R.
    50 M SC Mar M
Yonge, Lutitia
    16 F Eng Mar
Rosser, Jane
    8 F Ga Sep
Rosser, Calvin
    2/12 M Ga Sep
Backhouse, Thomas
    66 M Eng Apr W
Hutson, Joel
    30 M Geo Apr
Harris, James H.
    1/12 M Geo May
Fagan, William H.
    34 M Eng Sep
Driggors, Almira
    18 M Ga Sep
Gill, Linda
    70 F Ga Feb
Driggors, Albert
    20 M Ga Sep

MARION COUNTY (Pages 424,25)

Powley, Caleb 34 M Ga Feb M
Wiggins, Mary 20 F NC Feb W
Lockett, Cullen R. 2 M Ga Dec
Lowell, William Rayford 1 M Ga Aug
Ruffin, James 9 M Ga Oct
Whittle, Harriet G. 35 F Ga Sep M
Duke, Anderson 35 M Ga Aug M
Maddux, Emma S. 11/12 F Ga Sep
Short, John C. 46 M Ga Aug M
Bohman, Martha J. 2 F Ga Sep
Bearden, Luanda 43 F Ga Mar M
White, Mary 70 F Ga --- M
Franklin, Caullis 57 F Ga Jan 1850
Elkins, Narcissa 5 F Ga May
Smith, Nancy J. 8 F Ga 29 Aug
Bateman, Middleton 13 M Ga Aug
Bateman, Jemima 3 F Ga Aug
Spinx, Mariah 1 F Ga Aug
McDuffie, James 8 M Ga May
Howard, Mary 6 F Ga Dec
Worsham, Sarah 23 F Ga Apr M
Bautr?, Andrew W. 4 M Ga May
Benson, Wm. 20 M NC Aug
Bell, Robert 26 M SC Mar
Godwin, Mary 3 F Ga Sep
Wall, Wm. 7 M Ga Nov
Owens, Greenberry 24 M SC Nov
Wall, Austin W. 44 M Ga Oct M
Goin, Jefferson 12 M Ga Nov
Shubert, Charles 80 M SC May
Little, Margaret 2 F Ga Sep

MERIWETHER COUNTY (Pages 430?, 31-4-5; 438-9)

Frasier, Jabus M. 14 M Ga Jun
Earnest, Elisha C. 6/12 M Ga Jun
McKnight, (None) 27 M Ga Mar
Lofton, Elcana 48 M NC Jul
Olive, Joel H. 11/12 M Ga Jun
Strickland, Sarah L. 9/12 F Ga Jul
Rush Infant 1/12 M Ga Jan
Hopkins, John H.A. 9/12 M Ga Jul
McGahee, Jessee J. 1 M Ga Aug
Stricklin, Ezekiel 77 M NC Mar M
McGahee, Mary 65 F Ga Dec W
Maffatt, Jane 74 F SC Sep W
Robinson, Lemuel R. 43 M Ga Jul
Strozier, William L. 2 M Ga Aug
Jones, John W. 21 M Ga Jul
Sewell, Mary 67 F NC Dec M
Blount, Sarah Frances 1 F Ga Sep
McDaniel, John 36 M NC Feb M
Shackleford, E.A. 16 F SC Aug
Shackleford, J.C. 3/12 F Ga Mar
Riddle, James 22 M Ala Nov
Suber, Sarah E. 13 F Ga Dec
Wilson, Victoria 2/12 F Ga May
Peteet, Vetta Ann 11 F Ga Feb
Bird, James E. 8 M Ga Feb
Chapman, Amanda 2 F Ga Feb
McKey, Mary J. 1 F Ga Jun
Sanders, Mary 19 F Ga Dec
Turner, Mary J. 9/12 F Ga Feb
Heath, Thomas 45 M Ga Feb
Porter, Lucinda 33 F Ga Jul M
Fuller, William L. 2 M Ga Feb
Favor, Reuben 59 M Ga Oct M

Lawrence, John
   2 M Ga Jul
Reeves, William
   46 M Ga Mar M
(? do ?), John A.L.
   3 M Ga Mar
(? do ?) Clark T.
   1 M Ga Mar
Franklin, David
   45 M Va Nov M
Williams, Eliza
   19 F Ga Nov
Williams, John J.
   4 M Ga Jan
Barron, George N.
   3 M Ga Nov
Kelly, Jiles
   89 M Va Sep
Laney, Easter
   70 F NC Aug
Kelly, Infant
   1/12 M Ga Jan
Lison, Emily
   9/12 F Ga May
McRey, Emily
   6/12 F Ga May
Glass, Daniel C.
   17 M Ga Apr
Boyd, Amanda M.
   16 F Ala Feb
Huel, William B.
   24 M Ga Nov
Eppes, Francis M.
   18 M Md May
McDaniel, Sarah E.
   3 F Ala Jun
Irvin, William C.
   2 M Ga Feb
Park, John
   49 M Ga Feb M
Crowder, Eliza
   5/12 F Ga Jun
Hagins, Sarah A.M.
   3 F Ga May
Dixon, Sidney A.
   9 M Ga Sep
(? do ?), Boling H.
   1 M Ga May
Capel, James L.
   8 M Ga Mar
Wales, Tabitha C.
   1 F Ala Sep
Waddle, Delila
   22 F NC Mar
Haynes, Thomas J.
   2 M Ga Dec
Cawley, Sarah
   79 F NC May M
McDaniel, Seaborn
   24 M GA May M
Williams, Adaline
   21 F Ala Apr
Jones, William H.
   78 M Va Apr M
Hughey, Mary
   51 F SC Jan
Bonner, Pleasant F.
   20 M Ga Jul M
Bailey, Jacob L.
   8 M Ga Jan

Clements, Infant
   8/12 F Ga Sep
Clements, Samuel L.
   4 M Ga Sep
Wilkerson, Alexander
   68 M Scot Jul
Jones, Nancy
   57 F Ga Apr
Davis Infant
   11/12 M Ga Oct

MONROE COUNTY (Pages 442-3; 446-7;
        450-51)

Bozewell, Martha
   1 F Ga May
Harrison, William
   1 M Ga Jul
Hamlin, Benj.
   3 M Ga Oct
Magruder, Frances
   6/12 F Ga Oct
Watsin, Mary
   1 F Ga Apr
Moland, Frances
   57 M Ga Feb M
Leuseur, Charles
   1 M Ga Sep
Blount, Janie?
   75 F Ga Jul M
Womack, Mary
   1 F Ga Aug
Benton, John
   55 M Ga Jun M
Holt, Simeon
   69 M ---? Sep
Watts, Leonidus
   2 M Ga Feb
Brown, Alford E.
   28 M Ga Aug
Thornton, Henry C.
   1 M Ga Jul
Dumas, Mary P.
   17 F Ga Aug
Butler, James
   7 M Ga Sep
Butler, Sarah
   2 F Ga Oct
Gardner, Sarah
   1 F Ga Jul
Sutton, Aaron
   1 M Ga Sep
Wilsen, Susan
   3 F Ga Feb
Makinny, A.J.
   4 M Ga Oct
Makinny, C.C.
   2 M Ga
Stanley, Sintha
   50 F Ga Aug W
Breedlove, Nathan
   1 M Ga Jan
Finch, John
   5 M Ga May
Colbert, Elizabeth
   20 F Ga Apr
Pitman, Martha
   10 F Ga Oct

Reeves, George M.
                22 M Ga Feb
Ware, Samuel D.
                4 M Ga Oct
Ware, Sarah J.
                3 F Ga Oct
Bankston, Dorath
                1 F Ga Oct
Tate, Margaret
                2 F Ga Oct
Jones, Henry
                1 M Ga Oct
Hill, Caty
                70 F NC Dec M
Dubery, William
                1/12 M Ga Apr
Gibson, David
                10 M Ga Apr
Stalins, Martha
                18 F Ga Aug M
Stalins, James B.
                3/12 M Ga Nov
McWoolsey, John
                76 M Va Apr W
Wilson, James
                84 M NC Apr M
Parks, Clary
                78 F NC Feb M
Parks, Louisa
                2 F Ga Mar
Woodard, Martha
                38 F Ga Mar M
Hutcherson, Emerly
                50 F Va May M
King, John
                87 M Scot Feb
Collier, Nancy F.
                25 F Ga Apr M
Hileard, William
                3/12 M Ga Mar
Potts, Emerintha
                19 F Ga Nov
Potts, Jimima
                17 F Ga Dec

MONTGOMERY COUNTY (Page 453)

Brown, William
                18 M Ga Jan
Couie, John
                65 M SC Jul M
Willford, James N.
                2 M Ga Dec
Hannah Vaughan
                50 F Ga May W
Morris Infant
                7/12 M Ga Dec
Ryals, Mariah
                39 F Ga Nov M
Hughs, Daniel
                32 M NC Dec
Hughs, Mary
                70 F Scot Dec W
Hughs, Katherine
                25 F NC Dec
Cameron, Margaret
                79 F Scot Jun M
Campbell, Christian
                61 F NC Oct M

Gillis, Mary
                70 F Scot Oct M
Hearn Infant
                11Da M Ga Sep
Johnson, Ann Elizabeth
                3 F Ga Oct
McLeod, Infant
                2Da M Ga Jan

MORGAN COUNTY (Pages 456-8; 462-3)

Zachry, C.P.
                55 M Ga Apr M
Gunn, George W.
                1 M Ga Jun
Henff, Infant
                1 M Ga Dec
Lawrence, Mary
                88 F Va Jan
Gibbs, Elizabeth
                34 F Va Jun
Allison, Jerry (bottom on page,
        "Killed fight by a negro")
Shaw, John
                5 M Ga Jan
Patrick, Jane
                62 F NC May M
Feilder, Thomas
                67 M SC Oct M
Mitchell, John
                2/12 M Ga Jul
Thompson, Jane
                60 F Md Jun
Pricket, Jacob
                47 M Ga Sep M
Fully, George W.
                53 M Ga Jul M
Wadkins, Elizabeth
                30 F Ga Sep M
Nelson, George
                11/12 M Ga Dec
Davenport, William W.
                2 M Ga Dec
Banks, Samuel
                10/12 M Ga Jan
Roberson, Infant
                1/12 F Ga Apr
Jackson, Daniel
                75 M Ga Apr M
Davis, James M.
                17 M Ga Apr
Harris, Nancy
                40 F Ga Feb M
Minton, Mary H.
                17 F Ga Aug M
Kenney, George
                2 M Ga May
Nelson, Malinda
                25 F Ga Dec M
Lowe, William J.
                2 M Ga Dec
Pelly or Petty, Eleanor
                32 F Ga Mar M
Shields Infant
                1/12 F Ga Jul
Harris, John
                73 M Va Mar M
Harris, N?, J.
                2 M Ga Jun

43.

Bird, John W.
            18 M Ga Sep
Bird, Lorenza
            32 M Ga Dec
Davis, Zachariah F.
            11/12 M Ga Jan
Snellings, James?
            6/12 M Ga Aug
Snellings, John
            6/12 M Ga Aug
Jackson, Martha
            76 F Va Apr W
Herr, Florence
            5 F Ga May
Smith, Joseph C.
            20 M Ga Jul
Loudermilk, Ann H.
            5 F Ga Mar
Loudermilk, J.M.
            3 M Ga Mar
Rees, William A.
            3 M Ga Mar
Arnold, James C.
            21 M Ga Apr

MURRAY COUNTY (Pages 470-71)

Hill, Isaac N.
            23 M SC Dec 31
Hill, Thomas W.
            3/12 M Ga Feb 5
Cochran, Calvin
            18 M Ga Aug
Copeland, Wm. A.
            1 M Ga Sep
Coffe, James L.
            10/12 M Ga Aug
Cessna, Robert B.
            20 M Ga Feb
High, Ann B.
            1 F Ga Jul
England, Margaret E.
            3 F NC Aug
Stafford, Charles A.
            34 M Ire May M
Bird, Alexander
            10/12 M Ten Aug
McGill, Martha E.
            18 F NC Jul
McGill, Nancy Emaline
            15 F NC Jul
Swinson, Sarah
            38 F NC Apr M
Helton, Morgan L.
            2 M Ga Jul
Broadrick, James M.
            9 M Ga Aug
Harris, James
            8/12 M Ga May
Gazaway, Rhoda S.
            6 F Ga Aug
Lawson, Elizabeth
            7 F NC Jan
Seay, Susan Ann
            28 F Ga May M
Bridges, Mariah
            23 F SC Sep M
Coley, Jesse M.
            73 M SC May M

Dean, John
            38 M Ga Nov M
McNabb, Robert H.
            19 M Ten Apr
McNabb, Eliza Jane
            17 F Ten May
Connally, Sarah
            1 F Ga Apr
Bohannon, Thomas
            17 M Ten Sep
Skinner, Bryant
            29 M Ga ? M
Fowler, William
            43 M Ten Mar M
May, Nancy
            27 F Ga Nov M
Smith, Mary
            51 F Ten Nov W
Ruble, Mellinda
            30 F Va Apr M
Ruble, Ephriam
            26 M Va Sep
McNair, Sarah
            8 F Ga Apr
Byrom, Henry C.
            33 M Ga Nov M
Martin, Sarah Caroline
            1/12 F Ga Aug
Sisk, Wm.
            4/12 M Ga Mar
Tripplett, Parlee
            10/12 F Ga Sep
Widener, Durham
            4 M Ga Jul
Young, L.A.
            9/12 M Ten Dec
Hembre, Nancy
            12 F SC Sep
Earnest, Stephen W. (Methodist Min.)
            44 M Ten Jan M
Glover, Richard L.
            27 M DC Apr M
Fouts, Leonard
            70 M Pa Nov M
White, Abigail
            48 F SC Aug M
Terry, Cass
            1 M Ga Apr
Emery, Lydia D.
            1 F Ga Sep
Latch, Lafayett
            6/12 M Ga Mar
Stewart, Collumbus
            10/12 M Ga Oct
Cheek, Thomas B.
            19 M Ga Aug
Sisk, Ann J.
            3/12 F Tenn Oct
Tye, John
            16 M Ga Feb
Sain, Samuel
            30 M Ten Nov M
Taylor, Synthia A.
            12 F NC Feb
Brock, Sarah J.
            1 F Ga Nov
Copeland, William
            29 M Ga Jun
Wigley, Clarisy E.
            4 F Ga Nov

Wigley, Judith
    31 F SC Sep
Kilpatrick, B.F.
    15 M NC Jun
Kilpatrick, W.J.
    11 M NC Aug
Kilpatrick, Peter
    10 M NC Jun

MUSCOGEE COUNTY (Pages 437-6-7-80-1-4)

Morris, Lorenzo D.
    11/12 M Ga* Aug
McKenzie, Henry
    54 M Ga* May
Barbaree, Thomas J.
    6/12 M Ga* Sep
* - Muscogee County, Georgia
Boon, John, a child
    9/12 M Ga May
Brewer, Cordon S.
    19 M Ga** Sep
** - Marion County, Georgia
Webb's, Richard T.
    5Da M Ga
Cotton, Edmond
    1/12 M Ga* Dec
Mizzels, Alfred
    7/12 M Ga* Aug
Spigers, Samuel
    9/12 M Ga* Aug
Spigers, James
    4/12 M Ga* Jul
Berry, Susan J.
    4/12 F Ga Jul
Parks, Henry
    4 M Ga* Jul
Rogers, John Thomas
    8Da M Ga* Feb
Fisher, Mary
    54 F SC May M
Adams?, Sarah L.
    50 F Va Jun
Smith, Martha S.(born Morgan Co., Ga)
    4 F Ga Aug
Gwin?, George?
    63 M Scot Mar
Bower, Archibald J.
    4 M Ga* Oct
Lingold, Elijah (born Sumter Co., Ga)
    7 M Ga Aug
Morse, Gregory (b. Richmond Co., Ga)
    60 F Ga Jul
Morse, Thomas(b. Lincoln Co., Ga)
    27 M Ga Jan
Scott, William
    2/12 M Ga* May
Johnston, Augusta C.
    5/12 F Ga Jun
Pollard, Albert
    21 M Ga Aug
Clark, James
    18 M Ga* Dec
Revis?, James
    30 M Ga* Sep
McCall, Mary A.
    May 25 F Ga* Jun

Wadkins, Elizabeth
    35 F SC May
Britton, Samuel
    19 M SC Sep
Jenkins, John H.
    2/12 M Ga* Sep
Dobs, Stephen (b. Baldin Co., Ga)
    1/12 M Ga* Feb
Morris, Henry
    1/12 M Ga* Feb
Clyde?, Malinda (b. Harris Co., Ga)
    15 F Ga Aug
Willson, Sarah (b. Bulloch Co., Ga)
    25 F Ga Aug
Shippey, Joseph
    52 M SC Jul
Thompson, Solomon W.
    7 M Ga Oct
Mathews, Martin (b. Harris Co., Ga)
    8 M Ga Oct
Biggers, Joseph R.
    70 M SC Jul
Dean, Allan W.
    6 M Ga* Aug
Thornton, Lucretia
    2 F Ga* Aug
Stafford, William
    64 M Ga May
Philips, Putz? (b. Columbia Co., Ga)
    49 F Ga Sep
Water?, Thomas
    50 M --- Jun
Larsons?, Henry's child
    2/12 M Feb
Britt, Richard
    55 M Va Feb
Britt, Julia (b. Sumter Co., Ga; also
    4 F Ga Jul
Britt, Rebecca
    11/12 F Ga ---
Massey?, Adaline
    17 F SC Apr
Weems, M.F. (b. Wilks Co., Ga)
    37 F Ga May
Pike, Zion
    38 M SC Feb
Pike, Joseph (b. Marion Co., Ga)
    6/12 M Ga Jul
Chippawanee (Indian)
    17 M Ga* Jul
Davis, Price
    50 M Ga* Oct
Brooks, Jobe (b. Putnam Co., Ga)
    78 M Ga Oct
Simmons, Jane G.
    64 F Va May
Harp, John L.(b. Hancock Co., Ga)
    49 M Ga Jan M
Harp, John R.
    13 M --- Nov
Cobb, Elizabeth (b. Twiggs Co., Ga)
    27 F Ga Jan M
Austin, William
    74 M SC Aug
Coleman, John W.
    12 M Ga* Mar
Bartlett, Cassaminier
    60 M --- Nov
Holt, Hines Jr.
    2 M Ga* Jun

Holt, Hines child
    1 F Ga*
Norton, Mrs. Mary
    26 F --- Jun M
Robinson, Elvira G.
    2/12 F Ga* Nov
Foster, Sarah H.
    18 F Ga* Nov
Walters, John Sr.
    60 M Va Jan W
Walton, John Jr.
    17 M Ga*
Taylor, William
    18 M Ga*
Miegs?, Mrs. Clark
    87 F Conn Aug W
Ayre, Wm. H.
    10 M Ga* Jan
Ayre, Rudolph H.
    12 M Ga* Oct
Shurly?, -----
    1 F Ala Oct
Byard, Mrs.
    23 F NC Apr M
McArthur, Mrs. Elizth
    64 F Ga Aug M
Maraner, Mariah
    3/12 F Ga* Apr
McMichael, Mrs. Elizabeth
    40 F --- Aug
Renfroe, William L.
    1 M Ga* Sep
Lloyd, Arianna
    8/12 F Ga* Jul
Bartlett, M.J.
    4 F Ala Jan
Simpson, Benjamin A.P.
    9 M G* Jan
Kent, Susan
    48 F Ga May M
Holt, Elizabeth
    25 F NC Jan
Saunders, Mrs.
    60 F SC Jan
Burnside, William
    38 M SC Jun
Bradford, Robt.
    40 M Ga Apr
Williams, Isaac
    1 M Ga Nov
Corsey, Absolom
    42 M Ga May
Harris, Peggy
    11 F Ga May
Gun, Wm. P.A.
    43 F Ga Jun M
Gun, Margaret
    20Da F Ga*
Pride?, Elnora
    14 F Ga* Feb
Clark, Archibald
    5 M Ga* May
Hall, Mrs. Jane
    44 F Ga Apr W
Hall, William
    52 M NC Sep
McDougald, Daniel
    50 M NC Sep M
Ross, Mary Jane
    7 F Ga Sep

Flewelle?, Abner H.
    50 M Ga Dec
Howard, Nichols (b. Green Co., Ga)
    55 M Ga ---
Turrentine, Geo. W.
    50 M --- ---
Billups, Mrs. Eliza
    48 F Ga May
Kymbrough, Mrs. Nancy 47 F Ga May
(Note: * means born Muscogee county, Georgia - above)

NEWTON COUNTY (Pages 486-7; 490)

Foreman, Amarinth
    22 F Ga Dec
Kinnon, William
    5 M Ga Dec
Stewart, Henry
    24 M Ga Nov
Jones, Harriett
    6 F Ga Feb
Tickett, James G.
    3 M Ga Jul
Ellis, James
    6/12 M Ga Mar
Bell, George
    82 M SC Dec W
Anderson, Emily
    1 F Ga Sep
Rice, Augustus
    9/12 M Ga Dec
Lake, Amelia
    22 F Ga Jul
Sly, P.
    10 M Ga Jun
Covin, Amanda
    20 F Ga Jul M
Demeron, Oliver H.
    1 M Ga Sep
Man, Elizabeth
    36 F Ga Mar W
Westbrooks, James
    24 M Ga Jun
Cowen, John
    41? M SC Jul M
Miller, Robert
    55 M SC Jul M
Harvy, John
    19 M SC Mar
Willingham, Ann
    65 F SC Mar W
Thacker, George
    2 M Ga Nov
Hix, Harmon
    55 M SC Sep M
Lee, Olive
    40 F Ga Jun W
Bean?, Thadeus
    1 M Ga Jul
Good, Martha
    64 F Ga Jul M
Huston, Thomas J.
    24 M Ga Jan M
King, Peter
    45 M Ga Jun M
Maspert?, Sarah J.
    2/12 F Ga Feb
Taylor, William
    14 M SC May

Leak, James
  11 M Ga Aug
Gobel, Alfred
  12 M Ga May

OGLETHORPE COUNTY (Pages 492-3; 496-7-9)

Swanson, Robert C.
  25 M Geo Oct
Pittford, Allen H.
  2 M Md Dec
Walker, Sarah
  90 F Va Apr W
Eliss, Mary C.
  24 F Ga Jan M
Nickelson, Charles
  44 M Ga Jan
Hall?, Robert
  1 M Ga May
Kennebrew, Nancy Jane
  19 F Ga Feb M
Asbury, William H.
  3 M Ga Jun
Pass, Clark F.
  17 M Ga Mar
Willson, Lewis
  11/12 M Ga Jul
Bacon, Richard
  2 M Ga Aug
Grisham, William T.
  19 M Ga Feb
Coffer, Thomas
  65 M Md Apr
Hall, Margarete
  78 F Md Jul
Poalnot, George
  24 M Ga Nov
Burton, John M.
  1/12 M Ga Jun
Collens, Mary S.
  2 F Ga May
Noele, Susan
  29 F Ga Jul
Olive?, Victoria E.
  2 F Ga Jul
Taylor, Z.
  1 M NC Feb
Johnson, Mrs. May E.
  18 F NC Aug
Dupree, Keziah
  62 F NC Sep M
Jackson, John H.
  1 M NC Sep
Wright, William W.
  61 M NC Oct
Eberheart, Jacob
  94 M NC May
Turner, William
  60 M NC Apr
Williams, Charlott
  36 F NC Jan
Vondereu?, Alonzo P.
  11 M Ge Jun
Calahan, William
  68 M SC Feb
Cohoon, Samuel
  78 M Va Feb

Johnson, Cheley G.
  13 M Geo Aug

PAULDING COUNTY (Pages 502-3)

Carnes, Doctor T.
  1 M Ga May
Griffis, Julianna
  1 F Ga Sep
Hurlep?, David
  1 M Ga Jan
Putnam, John
  25 M Ga --- M
Carrol, Newton C.
  2 M Ga Apr
Philpot, Nancy
  17 F Ga Apr M
Sherrell, Lewis
  50 M SC Feb M
Jones, John
  24 M Ga Jun M
Smith, David
  39 M Ga Aug M
Jones, Charles
  1/12 M Ga Nov
Davis, Charlotte
  27 F Ga Sep M
Davis, James T.
  3 M Ga Oct
Williams, Barbara
  25 F Ga Jul M
Williams, John
  6/12 M Ga ---
Dunaway, Matilda A.
  1/12 F Ga Jun
Lockwell, Elizabeth
  35 F Ga Feb M
Dunaway, Fanny C.
  14 F Ga Sep
Gibson, Henry A.
  26 M Ga Sep M
Grier, Edwin
  6 M SC Sep
Crumbie, Elizabeth J.
  4 F Ala Dec
Thompson, Jerry W.
  10/12 M Ga Jan
Ivy, Martha
  25 F SC Ga M
Bowels, Sarah
  94 F Va Mar W
Powell, Walton
  2/12 M Ga Feb
Hackney, Robert
  25 M Ga Sep M
Simmons, Richard
  75 M Va Aug W
Simmons, Mary
  65 F Va Jun M
Wilson, Martha
  10/12 F Ga ---
Fain, Zachary Tailor
  1/12 M Ga Dec
Wilkerson, Martha
  63 F SC Jun W
Getty?, Lethy
  37 F Ten Feb M
Leverett, John O.
  19 M Ga Jul

Puckett, Frances
    30 M Ga Apr
Roper, Martha Ann
    4 F Ga Apr
Porterfield, Susan
    63 F Va Jan W
Dudly, Mary Frances
    2 F Ga Jan
Weeks, Philip
    9 M Ga Jan
Harrison, Sandhope
    9 M NC Mar
Wheat, James J.
    10 M Ga Apr
McCullers, Matthew
    71 M Ga May M
Dodd, Martha
    35 M Ga Oct M
Smith, John M.C.
    66 M SC Aug M
Gilbert, Jemima
    76 F Va Jun W
Howell, Green W.
    48 M NC Jan M

PIKE COUNTY (Pages 505-8-9; 512-13)

Manghan, Malinda A.
    2 F Ga Mar
Ransom, Adeline
    14 F Ga Feb
Chapman, Ambrose
    8/12 M Ga Aug
Galaway, Albina
    26 F Ga May
Cline, Mary
    2 F Ga Feb
Jones, Janes M.
    56 F SC Oct
Anderson, John C.
    26 M Ga Aug M
Drury, Edwin
    53 M Va Dec M
Madden, Rhody
    33 F Ga Mar
Mainard, Sarah
    21 F Ga Aug
Crowder, George D.
    3 M Ga Nov
Crawford, Edmund
    32 M SC Jan M
Childers, Sarah
    76 F SC Oct
Pounds, William W.
    1/12 M Ga Mar
Williams, Thomas J.
    9 M Ga Nov
Williams, Henry C.
    9/12 M Ga May
Spear, William L.F.
    9 M Ga Feb
Brown, Tempy
    16 F Ga Feb
Epsy, Ann F.
    41 F Va Sep
Coran, Ann C.
    21 F Ga Jul
Carden, Susan E.
    3 F Ala Jun

Willis, Joel S.
    29 M Ga Jun
Fryer, Sarah
    55 F Ga May M
Matthews, Josiah
    80 M NC Jan M
Jordan, Augusta A.
    9/12 F Ga Aug
Holmes, Harriett C.
    24 F Ga Jan M
Stewart, John
    2/12 M Ga Jun
Shadix, Malinda A.
    29 F Ga Oct
McCloud, Elizabeth
    5 F Ga Nov
Thornton, Elizabeth
    65 F NC Jan M
Kictching, babe
    3/12 M Ga Mar
Coppedge, Thomas
    14 M Ga Apr
Fields, Catherine C.
    7 F Ga Oct
Carnin, David (Carin,Cardin)
    10 M Ga Feb
Mills, Sarah J.
    8 F Ga Aug
Cook, Malinda
    21 F Ga May
Cothran, John C.
    3/12 M Ga May
Means, Ann Penington
    3/12 F Ga Nov
Bankston, Mary A.C.
    1 F Ga Dec
Brown, Allice P.
    4 F Ga May
Brunt, Missoura
    1 F Ga Sep
Lee, Babe
    1 F Ga Oct
Shiver, Emily T.
    14 F Ga Oct
Marshall, Nancy
    6 F Ga Apr
Lynch, Lavinna
    13 F Ga Jan
Wheelis, Tebitha
    4 F Ga Jan
Spencer, Mary E.
    26 F Ga Nov
Gillespie, Laura E.
    1 F Ga Mar
Hale, Joseph
    62 M Ga Dec
Cook, James
    1 M Ga Jun
Cumbie, Salatha Jane
    16 F Ga Aug
McKellar, Peter
    70 M NC Jul M
Berengen, Manervia
    65 F --- Sep
Green, Franklin
    26 M Ga Dec M
Hagan, William D.
    1/12 M Ga Sep
Story, Georgianna S.
    5 F Ga Mar

Lipsey, Matilda E.
    2 F Ga Mar
Hudggins, William C.
    7 M Ga Apr
Morris, Silas J.
    3 M Ga Apr
Creamer, Nancy E.
    1/12 F Ga May
Reddy, John W.F.
    2 M Ga Sep
Stark, John C.
    11/12 M Ga Aug
Haselden, Stephen A.B.
    40 M SC Apr
Wilkinson, Mary A.B.
    13 F Ga Oct
Anderson, Martha
    1/12 F Ga Oct
Gordon, Martha F.
    1 F Ga Dec
Nixon, Robert Green
    12 M Ga Jan
Montgomery, David
    70 M Va Dec M
Banks, James L.
    5 M Ga May
Roades, James
    3 M Ga Apr
Jarrell, Lealah
    1/12 F Ga Jan
Tomisson, M.S.
    2 F Ga Feb
Jones, M.J.
    10/12 F Ga May
Trice, E.
    11/12 F Ga Oct
Trice, S.
    11/12 F Ga Oct
Trice, L.
    11/12 F Ga Oct

PULASKI COUNTY (Pages 516-18-19)

Linsey, David
    5 M Ga Nov
Victory, Mary P.
    12 F Ga Sep
Easen, Joshua L.
    21 M Ga Jun
Rodrick, Mary
    64 F Ga Apr
Harrison, Mary A.
    1 F Fla Jun
Graham, W.W.
    1 M Ga Dec
Atkinson, Berry
    52 M NC Oct
Gainey, Chas. W.
    1 M Ga Mar
Rodgers, Mary A.
    13 M NC Aug
Caney, Jeremiah
    76 M NC Aug
McDowell, Henry
    7 M Ga Aug
Coalman, Eliz. V.
    8/12 F Ga Aug
Thompson, Mary E.
    5 F Ga Oct

Jones, Seaborn
    2 M Ga Feb
Coffee, Clark
    2 M Ga Aug
Henderson, Nancy
    20 F Ga Aug M
Edins, W.D.
    57 M SC Nov M
Allen, Hiram
    55 M --- Nov M
Buchan, Christian
    59 F NC Apr M
Sturdivan, Eliz.
    32 F Ga Sep M
Randit, Mary J.
    8 F Ga May
Nelson, Mary
    1/12 F Ga Jul
Grinsted, J.W.
    12 F Ga Oct
Askey, Mary J.
    8 F Ga Mar
Sessian, Eliz. J.
    27 F Ga Jan M
Racols, Kate
    1 F Ga Sep
Fraser, G.V.
    24 F Ga Nov M
Whitfield, W.S.
    9 M Ga Apr
Jelks, Mary M.
    7 F Ga Jul
Sandley, Lucy J.
    12 F NC Sep
Barber, Ina
    10 M Ga Oct
Shiver, Eliz.
    7/12 F Ga Aug
Shiver, Jacob
    34 M SC Sep
Stokes, Samuel
    52 M SC Apr M
Denson, John
    89 M Va Sep M
Denson, Sarah
    87 F NC Sep W
Burkholter, Isaac
    77 M Ga Nov M
Cowen, Camilla
    2/12 F Ga Nov
Castillo, Leonora
    32 F Ga May
Walker, Sarah
    11 F Ga Jun
Taylor, Sarah M.
    7 F Ga Sep
Coaly, Bethany S.
    4/12 F Ga Feb
Philips, Rachail A.
    6 F Ga Sep
Gafferd, Nancy
    50 F NC Aug
Odom, Arch F.
    5 M Ga Oct
Coaley, J.R.
    6 M Ga Oct
Caoley, E.A.
    4 F Ga Sep
Wardlow, G.W.
    4 M Ga Apr

Jones, Salety
  2 F Ga Oct
Floyd, John H.
  1 M Ga Aug
Rolan, John
  48 M Ga Mat
Hinson, Chas.
  35 M NC Jun M
Holland, Mary A.
  2 F Ga Sep
Grantham, Elbert G.
  1 M Ga May

PUTNAM COUNTY (Pages 522-4-6-7-9)
(No ages given 1st pate)

Bowden, S.H.
  m Ga Nov
Drie?, Cilla
  f Ga Sep
Clark, Julia
  f Ga Jan M
Ward, E.L.
  M Ga Oct
Brooks, M.J.
  f Ga Nov
Alfred, Henry
  M Ga Feb
Maddox, Elizabeth
  f Ga Oct
Maulskey?, M.
  f Ga Oct
Maulskey?, M.
  f Ga Oct
Smith, M.V.
  f Ga Aug
Smith, R.H.
  M Ga Aug
Simmons, Benjamin
  M Ga Nov
Hancock, Benjamin
  25 M Ga Jan
Walker, Emily
  45 M Ga Nov
Lewis, Mary
  1 F Ga Sep
Sanford, Benjamin
  2 M Ga Jun
Swann, Mary T.
  22 F Ga Dec
Bulger, Mary
  5/12 F Ga Sep
Jourden, Martha
  28 F Ga May
Leggett, Jas.
  3 M Ga May
Leggett, Marietta
  1 F Ga Jul
Sanders, Josephine
  6 F Ga Aug
Marchman, Nancy
  11 F Ga Mar
Johnson, John
  37 M Ga Jul
Lidwell, Isaiah
  57? M Ga Nov
Ward, Sarah
  3 F Ga

Ward, Mariah
  10/12 F Ga
Cook, Martha
  65 F Ga Feb
Thomas, Elizabeth
  35 F NC Jun
Dunham, Nancy
  60 F Ga Jan
Wright, Wm. R.
  1 M Ga Aug
Lancaster, J.R.
  14 M Ga Apr
Lewis, Mary
  85 F Md Sep
Lawrence, John S.
  2 M Ga Nov
Galewood, A.D. (Gatewood)
  43 M Ga Dec
Adams, Frances
  2 F Ga Sep
Rose, W. Sen.
  56 M Ga Nov
Lewis, Talula
  4 F Ga Oct
Fielder, Elizabeth
  73 F Ga Feb
Boring, Isaac
  40 M Ga May
Carson, S.J.
  1 F Ga Nov

RABUN COUNTY (Page 531 only)

Kerby, W.R.
  28 M NC Sep M
Kerby, John L.
  24 M Ga Sep
Speed, James
  16 M SC Sep
Massingale, Susannah
  34 F SC Oct M
Hicks, Sorena
  23 F SC Jun M
Ramey, Francis M.
  1 M Ga Jul
Ramey, Elisabeth
  11 F Ga Apr
Page, Abraham
  19 M Ga Sep
Page, Alexander
  ??* M Ga Sep
  (*ink blob)
Crow, Augustus
  22 M NC Sep

RANDOLPH COUNTY (Pages 534-6-8-9;
                                541)

Dunn, William
  80 M NC --- M
Moore, William
  5 M Ga ---
Betton, John
  1/12 M Ga ---
Phelps, M.A.
  27 F Ga Sep
Yarborough, F.
  1 M Ga

Name	Age/Sex/Birthplace/Month/Status
McKinney, E.	42 M Ga Aug
Taylor, Joseph	8 M Ga Jul
Gilbert, N.J.	4/12 F Ga Apr
Beall, Anna	1 F Ga Jul
Huggabord, Emma	1/12 F Ga Aug
Huggabord, Ellen	1/12 F Ga Aug
Shaw, Josiah	1 M Ga Jul
Hendrick, Thos. D.	1 M Ga Nov
Moye, Allen	10 M Ga Feb
Firth, Z.F.	6/12 M Ga Jan
Gause, Jane	1/12 F Ga Dec
Perkins, Sarah	10/12 F Ga Sep
Rodgers, Jas.	37 M SC Jan
Davis, M.J.	10 F Ga Nov
Krenshaw, Joseph	15 M Ga Apr
Cotton, M.E.A.	1/12 F Ga Aug
Hobbs, Nancy	31 F Ga May W
Gui, Lewis	12 M Ala Mar
Ingram, Jane	1/12 F Ga Jul
Brown, Roxana	11/12 F Ga Sep
Cole, Ann	11/12 F Ga Aug
Douglass, Ann	6/12 F Ga Feb
Dunlap, Jas	22 M SC Feb M
Harstring, Pertisan	28 F Ga May M
Harstring, Anna	11/12 F Ga Jun
Leaden, Thos.	17 M Ga Feb
Floier, Joseph	7 M Ga Aug
Humphrey, Wm.	43 M NC Sep
Carter, Richd.	4 M Ga Jun
Peters, Jno.	1/12 M Ga Aug
Powell, F.C.	49 M Ga May M
Smith, Mary	70 F SC Jan M
Treuet?, M.E.	8 F Ga Feb
Laseter, M.	55 M NC Apr M
Wiseman, J.N.	1/12 M Ga Jul
Scott, R.	?33 F SC Jun M
Heath, Mary	43 F Ga May M
Humphrey, William	11/12 M --- ---
Goff, M.A.	6 F --- ---
Manning, Penelope	79 F --- --- W
Horn, Lucy	34 F Ga --- W
Ruby, M.C.C.	1 F Ga ---
Pitman, S.A.	7/12 F Ga ---
Shepard, Q.R.	2 F Ga ---
Shepard, Thos.	3/12 M Ga ---
Wiggs, Daniel	66 M NC --- W
Tenwiler, L.D.	1/12 F Ga ---
Newsom, Jo.	8 M Ga
Howel, Henry	84 M Md ---
Sichs, D.	18 M Ga ---
Martin, Martha	84 F NC Jun M
Cumbie, J.J.	11 M Ga Sep
Bonas, E.	74 F SC Nov W
Stickey, M.	83 F SC Apr W
Causey, S.	75 F NC Aug W
McEwing, M.	21 F Ga Sep M
Cassaway, M.E.	1/12 F Ga Sep
Ealey, J.H.	3 M Ga Sep
Johnson, S.	25 F Ga Nov
Johnson, S.P.	8/12 M Ga Nov
Washam, M.	1/12 F Ga Apr
*Powel, S.M.	15 F Ga Jun
Sion?, H.	8 F Ga Sep
McDonas, S.	1/12 F Ga May
Crapp, Wm.	36 M SC Mar
Chapion, Jno.	11/12 M Ga Jan
Mainer, M.L.	3/12 F SC Sep
Boone, M.	1/12 F Ga Apr

RICHMOND COUNTY (Pages 545-6-7; 550-4-8-9)

Jones, Hezekiah 1/12 M Ga Jan
Williams, Mainy? 1/12 M Ga Sep
Scags, Norman 3 M Ga Jan
Rachels, Mary 34 F Ga Jul
Dunbar, James W. 22 M NJ Apr
Dunbar, Mary E. 1/12 F Ga Apr
Fina?, Eliza 55 F SC Aug
Arrington, James 60 M NC Dec
Seals, Reuben 42 M NC Aug
Starr, John (Sailor) 62 M SC Mch
Heard, Lewis P. 3 M Ga May
Heard, Lewis P. 3 M Ga May
Heard, Henrietta 2 F Ga May
Smith, Priscilla 30 F Ga Nov
  (Killed on Ga RR)
Johnson, Crawford 45 M Ga Jan
Simmons, Creswell 7/12 M Ga Mch
Skinner, Charles 26 M Ga Apr
Conry, Child J. 2/12 M Ga May
James, Charles 70 M NC Jan
James, John 4 M Ga Aug
Griffin, Lewis 2/12 M Ga Apr
Wheeler, Sarah Ann 2 F Ga Oct
McCathrine?, Thos. J. 16 M Ga Apr
Fulgum, Sarah 35 F NC Nov
Fulgum, Harriet 35 F NC Nov
Jordan, Sarah 60 F Scot Apr
Anderson, William 25 M Ga Jul
Fant, Philip F. 2 M Ga May
McCoy, Child 1/12 M Ga Apr
Payne, Seaborn F. -- M Ga Jun
Flemming, Jas. D. 3 M Ga Feb
McCue, Minerva 23 F SC Jun M
Odum, Dorothy 43 F Eng Apr

Lamar, Mary E. 7 F Ga Mar
Lamar, Clem 6 M Ga Mar
Primrose, James W. 25 M Ga Dec
Pearson, Lucy M. 69 F Va Sep
Moore, Joseph W. 9 M Ga Jul
McGoldrick, Robt. R. 16 M Ga Apr
Shackelford, Malinda 13 F Ten May
Philips, Isabella 27 F Ga Mar
Stoodley, Robt. 60 M Ga Jul
Paige, Child W.J. 4/12 F SC Jan
Smith, Anna 38 F SC Jan
Oliver, Mary R.E. 40 F Ga Sep M
Mueton, Charles 3/12 M Ga Apr
Carr, Cecelia 3/12 F Ga Nov
Levy, George W. 1 M Ga Oct
Blount, Edwd. 1 M Ga Nov
Williams, Edwd. 2 M Ga Sep
Guisu, Philip C. 65 M * Oct.
  (* b. S. Domingo; Editor)
Baderly, Julia C. 15 F Ga May
Lathrope, Francis J. 4 F Ga Apr
Sawyer, Child Geo. W. 3/12 M Ga Apr
Cook, Clark J. 47 M Mas May
Chew, Carson 6 M Ga Jul
Deville, Emily C. 2 F Ga Jul
Deville, Eli V. 3 M Ga Jul
Sibly, Amory 57 M Mas Jun
Davis, Augustus S. 18 F Ga Apr
Papton, Mary J. 21 F Ga May
Langhs, Arrington D. 1 M Ga Jun
Crocker, California 7/12 F Ga Aug
Allen, Richard E. 24 M Eng Sep
  (Engineer killed by bursting boile
Danforth, Rachel 65 F Ga Oct
Strowfield, James D. 16 M SC Jan
Cason, Cornelia 40 F SC Jan

Name	Age	Sex	Origin	Month
Cason, Louisa V.	40	F	Ga	Dec
Colson, Josiah	10	M	Ga	Sep
Nickle, John	3	M	Ga	Sep
Walton, Richard	1	M	Ga	Dec
Pond, Mary	27	F	SC	Dec
Maxton, Elizabeth	20	F	Ga	Mar
Pool, Emily O.	6/12	F	Ga	Apr
Johnson, Wm. D.	6/12	M	Ga	Feb
Willis, Joseph	70	M	NC	Jan
Willis, Mrs.	62	F	Ga	Dec
Swearingen, John	3	M	Ga	Oct
Rozin, Elias	25	M	SC	Mar
Owen, Thos. P.	2	M	Ga	Dec
Owen, Child B.	1	F	Ga	Apr
Mallheny, Elizabeth	23	F	SC	Dec
Morgan, Mary	3	F	Ga	Aug
Shaw, Ann	60	F	Scot	Sep
Berny?, Henry	50	M	SC	Mch
Berny, Isabella	48	F	NC	May
Burch, Lewis	1	M	Ga	Feb
Smith, Eugene	1	F	SC	---
Jones, Francis	2	F	Ga	Jul
Berry, Mr.	50	M	Ga	Feb
Rhmd?, Mary G.	3	F	Ga	May
Clifford, Margaret	1	F	SC	Aug
Gay, Mary	30	F	NC	Sep
Mims, Mary Ann	73	F	Va	Mar
Green, Nathaniel	34	M	Ga	Oct
Baldwin, Augustus	48	M	Ga	Nov
Williams, Catharine	13	F	SC	Mar
Shaw, Zilla	70	F	SC	Sep
Powell, Edwin	1	M	Ga	May
Winter, Wm. M.	18	M	Ga	May
Jenkes, Sarah	48	F	Ga	Aug
McKennon, Geo.	7	M	Ga	Sep
Jones, Mrs. Thomas	30	F	SC	Mar
Armstrong, Luke	5	M	Ire	Oct
Hall, Thos. G.	60	M	Con	May
Williams, Charles	30	M	NC	Jan
Goodrich, Hayden G.	2	M	Ga	Jul
Walton, Thomas J.	56	M	Ga	Sep
Cumming, Ann	83	F	Ga	Feb W
Ball, Larranie Clay	7	M	Ga	Jul
Poe, Anna C.	14	F	Ga	Apr
Poe, George W.	8	M	Ga	Apr
Hartford, Elizabeth	51	F	Ga	Oct
Shaw, Mary J.	1/12	F	Ga	Apr
Shaw, Martha	1/12	F	Ga	Apr
Blackburn, Anna L.	3/12	F	Ga	Apr
Cooper, John M.	68	M	Eng	Oct
Washington, Elsy	28	F	Ga	Jan
Coleman, Emeline E.	10	F	SC	Aug
Murphy, Timothy	32	M	Ire	Jan
Hutch, Virginia	2	F	Ga	Jun
Schoenline, Caroline	30	F	Gery	May
Puffer, Lounda	30	M	Pen	Jul
Ormond, Delarmar	6	F	Del	Oct
Ormond, Anna	2	F	Del	Apr
Campbell, Margaret	56	F	SC	Feb
Hardman, Hormel	1	M	Ga	Sep
Hardman, Harriet D.	5	F	Ga	Oct
McKee, Philela	6	M	Ga	May
Starr, John	62	M	SC	Mar
Dehee, John F.	38	M	Gry	Jan
Simpson, John	36	M	SC	Apr
Gayner, Mary	12	F	NY	May
Eason, Martha	61	F	WI*	Apr
Hicks, Emanuel	65		SC	Jul
Culpepper, Martha	25	F	Ga	Jun

(* West Indies)

Alexander, Thomas
  2 M SC Jun
Miller, Charles B.
  2 M Ga May
White, Edwin
  3 M Ga May
Turpin, Charles M.
  1 M Ga Nov
Budler, Francis S.
  67 M France Dec
Gendum, William M.
  8 M Ga Apr
Andrews, James W.
  10 M Ga Aug
Scofield, Martha J.
  9 F Ga Dec
Scofield, Robert
  7 M Ga Jan
Scofield, Thomas D.
  2 M Ga Jan
Tucker, Martha
  34 F Ga Jan
Young, James R.
  2 M Ga Jul
Curran, Patrick
  50 M Ire Oct
Duncan, child Wm.
  1/12 M Ga May
Hemphill, Andrew J.
  1 M NC Aug
Robert, Henry*
  72 M France
 (*Clerk of court - d. May)
T-rasy?, Rela W.*
  43 M Ga Jun
 (*Blacksmith)
Hopkins, Edward
  3 M Ga Apr
Spears, Francis
  45 M Ga Feb
Inglett, Elisha M.
  2 F Ga Aug
Blaxton?, Obediah
  10 M Ga Jan
Bugg, Robert W.
  1 M Ga Nov
Farver, Ruffin R.
  23 M Ga Nov
Springs, -----
  24 M Ga Oct
Bryant, Mary
  74 M SC Sep M
Sellers, Mary
  8/12 M Ga Jul
McNair?, Robert
  54 M Ga Jul M
Rowe, Mary
  50 F Va Apr

Note: The Richmond Co. enumerator wrote with a beautiful, neat hand, yet in some cases, such as latter part, he dittoed the sex, as Mary above is male... It seems doubtful that he asked the marital status as he showed where very few were married or widowed. Comparison should be made with the 1850 Richmond Co. Census.

SCRIVEN COUNTY (Page 561 only)

Horsey, Nancy
  93 F Ga Sep W
Mincy, Henry
  20 M Ga Dec
Brinson, Jason
  2 M Ga Aug
Phillips, Benjamin
  75 M NC Jan
Lasser, Wm.
  1 M Ga Aug
McGowin, Thomas
  43 M Ire Sep
Sowel, Simeon
  7 M Ga Mar
Durant, Martha
  10 F Ga Jul
Hollinworth, Jane
  38 F Ga Feb
Thompson, Priscilla
  1 F Ga Apr
Reaves, Thomas
  20 M Ga Nov
Saxon, R.H.
  15 M Ga Feb
Scot, Joseph
  52 M Ga Mar
Freeman, C.
  1 F Ga Jun
Mims, Thos. S.
  4 M Ga May
Smith, J.H.
  21 M Ga May
Lovett, R.W.
  14 M Ga Feb
Rylin, James
  35 M Ire Jun
Lee, Wm. W.
  23 M Ga Aug

STEWART COUNTY (Pages 564-5-8-9; 572)

Bridges, Henry
  50 M Ga Jul M
Hosey, Martha
  3 F Ga Aug
Hodges, Margaret
  7 F Ga Sep
Fitzjarrel, Jno.
  33 M Ga Sep M
Moody, Jno.
  33 M Va Oct M
Staturn?, Pamelia
  25 F Ga Apr
Bullard, Julia
  7/12 F Ga Mar
Cowan, Mary
  38 F Ga Sep M
Windzer, Sarah
  15 F Ga Nov
Cox, W.B.
  1 M Ga Jun
Blackburn, James
  1/12 M Ga Jul
Holder, Mary
  1/12 F Ga Jul

*Borland, Hester
    1 F Ga Jul
Robinson, Thos.
    14 M Ga May
Taylor, John
    4 M Ga Oct
Lewston, James
    25 M Va Mar
Holliday, Ellin
    2 F Ga Aug
Wamble, Narcissa
    7 F Ga Apr
Miller, Felix
    19 M SC Ga
Leverett, Jno.
    49 M Ga Mar
Leverett, James
    1 M Ga Jun
Clark, Benj. (Lawyer)
    24 M Ga Aug
Burke, Martin
    55 M Ire Aug M
Knight, Sarah
    1/12 F Ga Feb
Crocker, Cornelius
    7 M Ga May
Dudney, Arthur
    50 M NC Jun M
Perry, Amanda
    16 F Ga Jan
Langley, Susan
    74 F Ga Mar M
Spear, Josephine
    10 F Ga Mar
Talbot, Williston, (Lawyr)
    21 M Ga May
Williams, Martha
    17 F Ga Jan
Hawthorne, Elizabeth
    80 F Ga May M
Story, M.E.
    1/12 F Ga Dec
Tuggle, Leroy
    50 M Ga Jan M
*Lominick, James
    3 M Ga Apr
*M'Knight, Mary
    1/12 F Ga Jul
Mathews, Asa
    56 M Ga Apr M
Hollonson, Eaton
    57 M Ga Apr
Ross, Mary
    3 F Ga Oct
Butler, Sarah
    96 F NC Nov W
Christian, Jno.
    10/12 M Ga Jul
Glenn, Mary
    38 F Ga Sep M
Carleton, Edwin
    1 M Ga Jul
Massey, Corra
    4/12 F Ga Feb
Terry, Jas.
    8/12 M Ga Nov
Elam, A.N.
    3 F Ga May
Baldwin, Christopher
    43 M Ga Feb

Cook, Parciana
    89 F SC Aur
Rogers, Sarah
    2 F Ga Sep
Gass, N.L.
    1/12 M Ga Jan
Davis, Roxy
    22 F NC Sep
Blakey, Elizabeth
    40 F Ga Apr M
Thornton, N.W.
    2 F Ga Sep
Bridges, Viney
    2/12 F Ga Mar
Clemants, Martha
    26 F Ga Aug
Adams, Ann
    7 F Ga Jan
Carter, J.P.
    1 M Ga Oct
Sears, Nancy
    1 F Ga Sep
Elliot, Howell
    60 M NC Jul
Clements, Harry
    2 M Ga Feb
Sherlin, Wm.
    54 M SC Mar M
DeBose, Jasper
    14 M Ga Oct
Hobly, Victoria
    4/12 F Ga Nov
Roberts, Irvin
    77 M NC Sep W

SUMTER COUNTY (Pages 573-6-7; 580)

Peugh, David G.(Schoolteacher)
    85 M Ga Apr W
Morgan, Jane
    45 F Ga Jun
Morgan, Nancy
    96 F Ga Jan
Courtney, Wm., (Twins)
    3Da M Ga ---
    4Wk M Ga ---
Nunn, Elizabeth
    26 F Ga Jun M
Nunn, Camelia
    2 F Ga May
McCay, Laura S.
    8/12 F Ga Aug
Gregory, John D.
    29 M Ga Jul M
Cook, George G. (Dr.)
    30 M Conn May M
Mims, Elizabeth
    60 F Ga Jan M
Wheeler, Mary
    30 F NC May *
  *(Under slave or free, "Md.",
    under column for "Color", blank.
McCrary, Isaac
    43 M Ga Apr M
Ansley, Mary
    14 F Ga Nov
Hubbard, Wm.'s Infant
    1/12 F Ga Oct

Moore, Sarah P.
    8/12 F Ga Sep
Rash, Levi
    45 M NC Mar
Pilchez, Wm.
    3 M Ga Mar
Brady, Elizabeth
    3 F Ga Oct
Livingston, Sarah
    22 F Ga Oct M
Lester, Sarah
    4 F Ga Jun
Kemp, John
    65 M SC May M
Coward, John T.'s Infant
    1/12 F Ga Oct
Owens, Etheldree
    19 M Ga Mar
Bullock, Mahala
    70 F Ga Mar M
Huckaby, Benjamin F.
    4 M Ga Aug
Dorman, Eliza Jane
    4/12 F Ga Sep
Compton, Hampton
    31 M Ga Jul M
Cato, James W.
    45 M Ga Oct M
Simpson, James Perry
    16 M Ga Jun
Graham, Wiley
    16 M Ga Jul
Dick, Francis A.
    1 M Ga Aug
Coker, Wm.'s son
    2Da M Ga Jun
Cox's Infant Martha
    3/12 F Ga Sep
Coats, Martha
    65 F SC Aug M
McVay, Mary
    18 F Ga Apr
Battle, Mary E.
    3 M Ga Feb M
Merritt, Ephraim
    33 F Ga Feb
Merritt, Nancy
    1/12 F NC Aug
Merritt, Elizabeth
    3/12 F Ga Oct
Green, Lydia
    53 F Ga Aug
Frasier, Daniel
    35 M Ga Jul
Smith, John
    1Mo M Ga Nov
Watkins, Sarah
    9 F Ga May
Pilcher, Wm.'s Infant
    3Da M Ga Feb
Tundee, Paleria
    36 F Ga Jan
Driver, George S.
    3 M Ga Mar
Hays, Mary
    44 F Ga Jun M
Walker, Catharine
    69 F Ga NC M
Philips, Sarah
    2/12 F Ga Nov

McRea, Edward C.
    4 M Ga Mar
Fulton, Louisa's Infant
    1 F Ga Sep
Stewart, Thos.' Infant
    1/12 F Ga Jul
Godwin, Mary
    37 F NC Apr M
Easterlin, Henry
    18 M Ga Nov
Bryant, Elias
    50 M SC Sep
Clark, William
    30 M Ga May
Young, Mary J.
    5 F Ga Nov
Rdin?, Elizabeth
    8 F Ga Apr
Parker, Pernekathy
    9/12 F Ga Sep
Westbrock, Mary
    7 F Ga Aug
Mercer, William
    44 M Ga Mar
Tucker, Elizabeth
    33 F SC Mar
Ledbetter, Martha S.
    39 F Ga Sep
Steel, Sarah
    73 F Ire Jun
Horn, Andrew J.C.
    32 M Ga Sep
Savage, Sarah
    25 F Ga Nov
Harp, Joseph I.
    17 M Ga Mar
Davis, James
    50 M Ga Dec
Dunn, Thomas
    50 M Le Nov
Johnson, Chas.' Infant
    1/12 M Ga Sep
Williams, Virginia
    5 F Ga Aug
Kemp, Sophia
    2 F Ga Oct
Philips, James M.
    7/12 M Ga Oct
Sekulchins, Josiah
    68 M NC Jan
Pryor, Elizabeth
    6 F Ga Sep
Pryor, Robert
    3 M Ga Sep
Haimes, Francis
    22 F SC Jul
Haimes, John
    1 M Ga Jul
Haimes, Thomas J.
    1/12 M Ga Aug
Howard, Harman's Infant
    1/12 F Ga Aug
Phillips, Anna
    77 F NC Nov
McLendon, John's Infant
    1Da F Ga Feb

TALBOT COUNTY (Pages 581-4-5-8-9; 592)

Cody, David 80 M NC Jan W
Fewell, Edmuns 6 M Ga Apr
Hutcheson, William 70 M Va Jun M
Gentry, Amanda 6 F Ga Sep
Maginty, Asa 15 M Ga Dec
Mcginty, Martha 13 F Ga Dec
Bailey, Isaac 33 M NC Jan M
McCrary, Jonathan 1/12 M Ga Feb
Goolsby, Mary 5 F Ga Sep
Hammack, Sarah E. 8 F Ga Feb
Worrta?, Elizabeth 47 F Ga Aug M
Baker, Willis P. 21 M Ga Dec
Willis, John 1 M Ga Dec
-----, Lucy 49 F Ga Jan
Mangran, John 40 M Ga May
Adkins, Henry 1/12 M Ga Jul
Pope, Elizabeth 36 F Ga Apr
McMurry, Martha 21 F Ga Feb M
Russell, Emela 26 F Ga Jul M
McCurdy, Samuel 3 M Ga May
Horne, Seaney 42 F Ga Jul M
O'Coner, Permelia 23 F Ga Apr M
Smith, Indiana 8 F Ga Jun
Pearson, Mary 1 F Ga Sep
Leaf, Joseph 2 M Ga May
Morris, James 88 M Va Mar W
Corly, David 63 M Ga Oct W
Smith, John 13 M Ga Jun
Johnston, James 29 M SC May M
Jones, Jackson 5 M Ga Oct
Morris, Jabes 11/12 M Ga May
Smith, Lafayette 2 M Ga Oct
McCants, George K. 43 M Ire May

Greggs, Polly 45 F SC May M
Moore, Pheby 54 F SC Feb W
Lockhart, Elizabeth 6/12 F Ga Aug
Johnson, James 65 M Ga Slp M
Freeman, Martha 3 Ga Mar
Lawson, Judson 2 M Ga Sep
Thomas, James 1 M Ga Sep
Lawson, Mary 3 F Ga Sep
Lawson, Elizabeth 1 F Ga Jul
Jones, Elizabeth 5 F Ga Apr
Riley, Harriett 30 F Va Nov
Mitchell, Benjamin 73 M Ga Apr M
Slade, James 3 M Ga Feb
Strickland, Julia 17 F Ga Oct
-------, Margaret 9 F Ga Oct
Hinton, Faylor 9/12 M Ga Dec
Dubery, Bradford 9 M Ga Jul
Mathews, Robert 20 M Ga Dec
Wemo?, John 1 M Ga Aug
Calhoon, Elisebeth 1/12 F Ga Dec
Lund, Mary 8 F Ga Oct
Johnson, Edward 5/12 M Ga Mar
Blunt, George W. 34 M Ga Jul M
Blunt, Benjamin 1 M Ga Mar
Bassett, James E. 87 M Ga Apr M
Revell, Susan 1 F Ga Aug
Hews, Sephan 80 M SC Oct W
Watts, Susannah 83 F SC Aug M
Grant, George W. 1 M Ga Feb
Jackson, John 7/12 M Ga Jun
Trapp, William 50 M Ga Dec
Persons, Mary 1/12 F Ga Sep
Young, Mary 4 F Ga May
Whitlock, Alfred 1 M Ga Aug
Gray, Ann 28 F Ga Apr

------, Nancy
    1/12 F Ga Mar
Owen, Caroline
    3 F Ga May
Owen, Sarah
    1 F Ga May
Freeman, Taylor
    1/12 F Ga Sep
Adams, Louanne
    5 F Ga Sep
Adams, B.S.
    58 M Ga Sep M
Adams, Robert
    2/12 M Ga Oct
Avent, William
    1 M Ga Dec

TALIAFERRO COUNTY (Pages 594-5-7)

Scott, Frances
    70 M Va Feb M
Rhodes, Redden
    49 M Ga Aug M
Evins, Leanear?
    10/12 M Ga Jan
Evans, Jesse
    38 M Ga Feb M
Frazier, George
    57 M Ga Sep M
Edwards, Sarah
    65 F NC Jan M
Rhodes, Laziey
    18 F Ga Sep
Morris, Susan
    70 F Va Mar W
Overton, Susan
    35 F Ga Mar M
Moore, Benjamin O.
    16/12 M Ga Jan
Chapman, Nathan A.
    17 M Ga Aug
Chapman, Mary C.
    4 F Ga Sep
Hart, Sarah
    55 F Ga Mar M
Parker, Richard
    88 M NC Apr W
Luneby?, Cynthia
    36 F Ga Apr M
Hinds?, Michel
    41 M Ire Aug
Hyuet?, John B.
    1/12 M Ga Aug
Wells, Martha
    35 F --- Oct
Sikes, Ann
    76 F --- Mar W
Quisenberry, Wm. L.
    1 M Ga Aug
Jones, Andrew B.
    42 M Ga Mar
Harris, Jesse's Infant
    1/12 F Ga May

TATTNALL COUNTY (Page 599 only)

Blount, Robert
    22 M SC Apr

Hill, Martha
    74 F Burke May W
Smith, Maryann
    2 F Tat Oct
Pittman, Sarah
    73 F NC Sep W
Cameron, Isabel
    55 F NC Apr M
Gray, George
    38 M SC Jan M
Anderson, John
    90 M NC Oct M
Higgs, George*
    13 M Ga Mar
Higgs, Lucy*
    9/12 F Ga Mar
  *Both b. Montgomery Co.

TELFAIR COUNTY (Pages 601 only)

(W.W. Paine, Marshall, noted there were 7 inhabitants over 90 years of age).

Brooker, Nicey (b. Irwin Co.)
    22 F Ga --- M
Pagget, William
    35 M Eng --- M
Moore, Tomlinson, F. (b. Baldwin Co)
    25 M Ga Sep
Dopson, Thomas (b. Screven Co.)
    22 M Ga Nov
Cobb, David (b. Cherokee Co.)
    9 M Ga Apr
Raycroft, Franklin
    1 M Ga Oct
Roberts, John
    5/12 M Ga Feb
Ryalls, Susan
    8Da F Ga Nov
Miken, Nelly
    10 F Ga Jan

THOMAS COUNTY (Page 604, white only)
(Not listed here, pages 606-8-9, slaves)

Watson, Mahala
    20 F Ga May M
------, Mary
    8/12 F Ga Sep
Bland, Susanna
    5 F Ga Apr
Jones, Henry
    30 M Ga Dec M
Stanaland, Henry S.
    1 M Ga Nov
Chastain, Priscilla
    3 F Ga Apr
Scott, Maria
    32 F NC Oct M
Winn, Berrien
    10/12 M Ga Nov
McKennon, Daniel
    1 M Ga Oct
Roddenberry, George
    85 M SC June W

Coleman, Ellender 52 F SC Dec M
McIntyre, John 13 M Ga Apr
Willey, James E. 2 M Ga Nov
Thompson, Josephine 10 F Ga Sep
Nesmith, Louisiana 1 F Ga Oct
McKinnon, Mary 2 F Ga Jul
Johnson, Martha 45 F Ga May W
Stone, Thomas M. 40 M Va Mar M
Pearce, Robert 36 M Ten Mar M
Hall, Jordan 59 M NC Feb M
Bryan, Lucina 46 F Ga Aug M
Sweetman, Lavina 78 F NC May W
Lane, John 1 M Ga Apr
Neal, Eleanor 23 F Ga May M
Beaver, Mary 87 F Va Mar W
Hurst, Jimima 22 F Va Nov
Dugger, Berrian (Killed by horse) 16 M Ga Oct
------, Amanda 6 F Fla Nov
------, John 3/12 M Fla Aug
Browning, Mary 16 F Ga Sep
Cone, Washington 2/12 M Ga May
Kelly, Jacob*(Killed by Mrs. Light) 19 M NC Jul
------, Almira*(Killed by Mrs. Light) 13 F NC Jul

TROUP COUNTY (Pages 611-14-15-17-19; 621-3-5)

Leftrage, Wilson 23 M Ga Sep
Clark, Jackson F. 17 M Ga Apr
Freeman, Elizabeth A. 40 F Ga Apr
Whatley, James 5 M Ga Apr
Whatley, Tamesy 30 F Ga Feb
Easters, L. 90 M Va Apr
Wilder, James 65 M NC Mar
Wilder, Martin S. 10/12 M Ga
Cooley, Tobitha 30 F M Jul

Hames, Mary 32 F M Dec
Roberts, Green B. 12 M SC Apr
Wood, S.C. 2/12 F Ga May
Cevels?, Samuel 40 M NC Apr
Stedevant?, P.P. 22 M Ga Aug
McClane, Jas. A. 18 M SC Sep
Richardson, David 65 M Ga Jan
Jones, ----- 1/12 F Ga Nov
Marcus, William C. 60 M Ga Jan
Rutledge, McDonald 3 M Ga Jan
Cameron, David B. 50 M Ga Sep
Price, Susan C. 37 F Ga Apr M
Watts, Thomas S. 34 M Ga Jan M
Cartwright, Willis D. M Ga Oct
Mobley, William 72 M NC Dec W
Trimble, John 76 M SC Apr M
Merceir, James P. 3 M Ga Jul
Hogan, Selma? 1 F Ga Oct
Parker, William 20 M Ga Jul
Strong, William W. 1 M Ga Aug
Longcrier, Christopher 50 M NC Oct M
Palmer, Mary 53 F Ga Feb W
Parker, Martha 32 F Ga Sep W
Morrelman, Martha Ann 5 F Ga May
Jones, Charles 1 M Ga May
Cobb, Sarah E. 11 F Ga May
Walston?, Henry 82 M NC Sep W
Delany, James I 10/12 M Ga May
Bennett, Casandra 28 F Ga Mar M
Mooty?, Martha 2 F Ga Oct
Thompson, Sarah F. 1/12 F Ga Nov
Knight, Julia F. 17 F Ga Nov
Johnson, John W. 2 M Ga May
Caldwell, Frances 6/12 F Ga Aug
Phillips, Hardy 70 M NC Jun M

West, Isabella V.
   4 F Ga Sep
Williams, May
   40 F Ga Jul M
Williams, Elisha
   52 M Ga Feb M
St. John, James
   8 M Ga Oct

TWIGGS COUNTY (Pages 627-9-32-3-6)

Fillips, Eunity
   70 F NC Oct M
Smith, Benjamin B.
   56 M --- Aug
Long, John
   6 M Ga May
Beuford, Wm.
   17 M Ga May
Petty, Margaret E.
   21 F Ga Jan M
Alexander, Madison
   20 M Ga Apr
Davis, William
   32 M Ga Apr M
Vinson, James
   76 M NC Feb M
Chapman, Mary
   42 F NC Aug M
Chapman, James
   3 M Ga Aug
McWilliams, Asa
   11/12 M Ga Oct
Evans, Hubberd A.
   5 M Ga Feb
Pettis, Stephen
   55 M SC Feb M
Balcom, Jas. J.
   14 M Ga Apr
Balcom, H.T.
   1/12 M Ga May
Yerty, John
   12 M Ga Jul
Land, James
   9 M Ga Apr
Wood, William
   5/12 M Ga Feb
Floyd, Elizabeth
   24 F Ga Nov
Reid, Martha R.
   9 F Ga Dec
Cook, Polly Ann
   28 F Ga Sep M
Radford, Miles
   4 M Ga Oct
Wall, Lydia
   80 F Ga Mar W
Wall, Pertha
   50 F Ga Oct M
Cowan, William A.
   9 M Ga Jul
Wright, C.R., (School teacher)
   28 M NY May
Mercer, Dixon
   35 M NC Jul M
Newby, Nancy
   19 F Ga Aug M
McDonald, Margaret
   5 F Ga Jul

Marris, Sarah
   40 F Ga Jun M
Haines, Nancy
   20 F Ga Jan
Roberts, James
   20 M Ga Aug
Burns, Mary
   15 F Ga Sep
Burns, Francis
   1 F Ga Sep
Davis, Marth J.
   3 F Ga Oct
Howell, Benjamin
   8 M Ga Oct
Sauls, Elizabeth
   42 F Ga Jul M
Coombs, Daniel H.
   1 M Ga Jul
Raney, Joshua B.
   1 M Ga Jun

UNION COUNTY (Pages 637-8)

Reid, A. Leonadus
   1 M Ga Aug
Tanner, Elizabeth
   60 F NC Jul M
King, James H.
   9/12 M Ga Mar
Akins, Leander
   1 M Ga Sep
Wright, Mary
   37 F Va Jan
Grier, George B.
   91 M Ire Mar M
Grier, John
   2 M Ga Aug M
Coffee, Purcilla
   28 F Ga Jan M
Coffee Infant
   --- F Ga Jan
Morgan, M. G.'s Infant
   M Ga Nov
Dempsey, Louisa
   1/12 F Ga Aug
Patterson, J.'s Infant
   1/12 F Ga Feb
Burang, Margaret J.
   1/12 F Ga Sep
Youngblood, J.'s Infant
   1/12 M Ga Jan
Queen, Dicey
   80 F --- Sep W
Wright, Asey's Infant
   1/12 M Ga May
Jones, Thos.' Infant
   2/12 F NC Feb
Brown, John's Infant
   1/12 M Ga May
Harrison, Jacob
   4 M NC Jul
Jarrett, C.H.
   43 M NC Jan M
Owenby, Amos' Infant
   3Da F Ga Feb
Anderson, Usine
   21 F --- Apr M
Bingan, J.'s Infant
   --- F Ga Mar

Name	Age/Sex/Birth/Month/Status
Duncan, Alex	52 M NC Aug M
Twiggs, John	5Da M Ga Sep
Siglar, Joseph	7 M SC Feb
Patterson, Amy	26 F NC Oct
Henson, James	13 M Ga Oct
Franklin, Sarah	48 F NC Aug
Kirkland, Elizabeth	72 F --- Apr
Brock, Mary	50 F --- Sep
Parich, Malinda	1 F Ga Feb
Davenport, Eve	2 F Ga Sep
Willson, John P.	1/12 M Ga Apr
Daniel, Henry	15 M Ga Nov
Davenport, Washington	16 M Ga Sep
Davenport Infant	--- F Ga Apr
Curtis, Welsey's Infant	3Wk F Ga Apr
Day, Asal's Infant	--- M Ga Mar
Hix, Mary	35 F NC Oct M
Souther, A.G.	10 M Ga Jun
Jackson, K.'s Infant	--- M Ga Feb
Noblett, T.J.	3/12 M Ga Feb
Dyere's Infant, Elijah	--- F Ga Aug
Johnson, Nancy	30 F SC Aug M
Lang, James	1/12 M Ga Sep
Girley, Young	1/12 M Ga Sep
Kindle, Mary	73 F Va Nov M
Davis, Nancy	30 F Ga Oct M
Davis Infant	1/12 M Ga Oct
Miles, Sarah	88 F SC Sep M
Garrett, Wm.	7 M Ga Jan
Girley, John	2 M Ga May
Gilbreath, Jerry	64 M NC Jul
Gilbreath Infant	11/12 M Ga Jul
McClure, Rebecca	22 F NC Jan
McClure Infant	3Da M NC May
Barnes, Margaret	89 F NC Jun W
Dentan, Wm. M.	4/12 M Ga Apr
Denton, Saml.	5/12 M Ga Oct
Infant Denton	4/12 M Ga Oct
Bennett, Eastly	1/12 M Ga Jan

UPSON COUNTY (Pages 639-41; 644)

Name	Age/Sex/Birth/Month/Status
Williamson, Francis	52? F NC Jul W
Foshee, Josiah	3/12 M Ga Aug
Augstine, McKenny	47 M SC Jun M
Bishop, Susan	19 F Ga Aug
Brown, Albert	23 M Ga Aug
Capel, Elizabeth	45 F Ga Jan
McGee, Lucinda	1 F Ala Nov
Walker, Charity	85 F SC Apr W
Garrot, Thomas	11/12 M Ga Feb
Brinkly, William	1 M Ga Nov
Richardson, Sarah F.	21 F Ga Feb
Haggood, Benjamin	1 M Ga Mar
Sasseta, John	1 M Ga Nov
Ross, John D.	14 M Ga May
Ross, James M.	5 M Ga Aug
Flowers, Sarah	8/12 F Ga May
Cooper, Nancy	58 F Ga Mar
Butts, Henry C.	13 M Ga Dec
Collier, Robert	66 M Va Jan W
Persons, Jones	76? M NC Feb M
Bush, Sarah A.	35 F Va Apr M
Collier, Elizabeth	37 F Ga Dec M
Dennis, Francis P.	1/12 F Ga Jul
Cobb, Mary	65 F Ga Jun M
Woodham, Georgiann	6 F Ga Sep
Walker, Samantha	1 F Ga Oct
McCloud, Martha	21 F SC May
Colquitt, Matilda	21 F Ga Mar
Traylor, Nancy	65 F Ga Mar

Maum, John
    4 M Ga Oct
Maum, Matilda
    6/12 F Ga ---

WALKER COUNTY (Pages 645, 648-49-52)
Sampson, Roseta
    7/12 F Ga Mar
Whittle, Barsina J.
    18 F Ten Dec
Haynes, Smith
    54 M Ga Oct M
Alt, Geo. L.
    8 M Ga Oct
Alt, Frances
    6 F Ga Oct
Alt, Esau
    17 M Ten Jul
Head, Henry
    67 M SC Oct W
Head, Margaret
    37 F SC Oct M
Grant, Philip
    50 M SC Oct M
McCalla, Glover
    27 M SC Jul
Caywood, Elizabeth E.
    4/12 F Ten Apr
Houston, Wm. B.
    1 M Ga Sep
Lucky?, Elizabeth
    58 F NS* Mar M
*(Nova Scotia)
Jack, Robert W.
    7Da M Ga Feb
Dotson, Martha
    22 F Ala Jun M
Philips, Obediah G.
    15 M Ga Feb
Anderson, Geo. W.
    2 M Ga
Williams, Jane E.A.
    17 F NC Feb
Head, -----
    7/12 F Ga Jul
Baggett, Nancy M.
    4/12 F Ga Oct
Robertson, John
    12 M Ga Sep
Griffin, Eliza E.
    1 F Ga Apr
Rainey, Jane
    22 F SC Oct
McWilliams, Eliza
    16 F SC Mar
Wheeler, Geo.
    2Wk M Ga Feb
*Hedrick, John
    84 M NC Jul
Dickson, James W.
    14 M Ga Sep
Oliver, Sarah A.
    17 F Va Dec
Moon, Jacob
    20 M Ten Jun
Stewart, Benj. F.
    20 M Ky Apr

Goodson, Nancy A.
    2 F Ga Sep
Wooter, Richard B.
    49 M Ga Feb M
------, Deamon, Infant
    --- M Ga Apr
Heartman, Infant
    --- M Ga Jun
Curry, Harriet B.
    31 F Ga May
Roach, Isam
    42 M SC Jul
Bracher, -----
    4 F Ten Aug
Coker, Wm. B.
    11 M Ga Apr
Pope, -----, Infant
    --- M Ga Nov
Rutherford, Mary J.
    2 F Ga Aug
**Linsey, Margaret B.
    1 F Ten Aug
Thedford, -----, Infant
    --- M Ga Jan
Huss, James F.
    6Mo M Ga Jun
Payne, Martha A.
    1 F Ga Dec
Gullett, Lydia
    55 F SC Feb W
Lawson, James
    2 M Ga Nov
Green, Clarissa
    20 F SC Sep
Davis, Elizabeth
    41 F Ga Mar M
Shamblin, Priscilla
    9 F Ten Jan
Hale, Franklin
    21 M Va May
Hamilton, William
    80 M NC Sep
Gilbert, Infant
    --- M Ga May
Ship, Infant
    2Da F Ga Apr
Caulter, Joseph
    5Mo M Ga Sep
Hoag, Susannah
    71 F Va Apr
Cazender, Mary
    68 F Va Jul
Kelly, Thomas D.
    60 M Md Jan
Walls, Harriet
    24 F SC Apr
Walls, Thomas B.
    4/12 M Ga Aug
Myrich, Emily J.
    21 F Ga Jul M
Inman, John
    34 M Ten Mar M
Dishavon, William E.
    8/12 M Ga Apr
Blackburn, Louis L.
    11/12 M Ga Mar
Miller, Infant
    7Wk M Ill Sep
Brewer, A.G.
    27 M NC Sep M

Major, Elijah
            36 M Ga Sep M
Major, Elijah C.
            9/12 M Ga Apr
Pilgrim, John
            35 M SC Nov M
Tipton, John
            10/12 M Ga Sep
Carson, Robert
            1 M Ga Oct
Albright Infant
            --- M Ga Apr
Edwards, Benj. R.
            70 M NC Jan M
Johnson, Malinda H.
            43 F Va Apr M
Kinsey, Cathelyn
            2 F Ga Sep
Allen, Nancy
            31 F NC Apr M
Allen, Samuel A.
            9 M Ga Nov
Syler, Wm. H.
            2 M Ky Jul
*Wheeler, Isaiah
            2Wk. M Ga Feb
**Rytgerford, James F.
            4 M Ga Nov
**Rutherford, Wm. M.
            5Mo M Ga Oct
Saterwhite, Mary J.
            1 F Ga Mar
Allen, Nancy C. (Infant)
            --- F Ga Aug
Kitchen, Nancy
            15 F Ga Feb
Maxy, Infant
            --- F Ga Jun
Maxy, Infant
            --- F Ga Jun
Gullett, Isaac B.
            33 M Ga Oct Ma
Tyner, Henry H.
            10/12 M Ga Sep
Russell, Joel T.
            17 M Ga Mar
Simmons, C.W.
            27 M Ten Oct
Simmons, Harriet
            52 F Ga Sep M
Simmons, A.V.
            20 F Ga Feb
Sheets, Jane
            15 F Ga Apr M
Mann, Louis
            33 M NC Mar M
Hill, Isaac
            31 M SC Mar M
Smith, Wm. A.
            29 M Ga Apr M
Elrod, John
            2/12 M Ga Mar
Lowry, Martha E.
            3/12 F Ga Apr
Harris, Giles
            19 M Ala Dec
Strickland, Jesse E.
            6/12 M Ga Dec
Bonds, Infant
            1 F Ga Sep

Rounsavall, Jonah
            52 M NC Apr M
Carter, Jeptha
            44 M Ga Jun M
Brooks, Nancy
            16 F Ga Aug
Moore, Martha
            1 F Ten Apr
Gentry, Daniel
            20 M Ten Mar
Collier, Darthula A.
            1 F Ga Mar
Glenn, Sarah
            3 F Ga Mar
Pierson, Peggy
            19 F Ten Jan
Harp, Mary A.
            2 F Ga Feb
Hawkins, Mary C.
            6/12 F Ga May

WALTON COUNTY (Pages 654-6-8-9)

Ayres, John C.
            27 M --- Feb
Partin, Munroe
            3/12 M Ga Jul
Watson, Letty
            95 F Va Feb
Thompson, Martha E.
            3 F Ga May
Brewer, Jane
            70 F Ga Jul
Austin, James
            38 M Ga Jul
Mayfield, Obadiah
            80 M NC Oct
Tucker, Infant of R.C.
            2Hr F Ga Oct
Rutherford, F's Infant
            --- M Ga ---
Kilgore, Margaret M.
            4 F Ga Aug
Humphrey, Margaret
            13 F Ga Aug
Harps, Lavica T.
            9/12 F Ga Aug
Smith, Barbara
            67 F SC Feb
Silcock, Wm. F.
            2/12 M Ga Oct
Roberts, Josephine S.
            1 F Ga Jun
Haynes, Edy
            52 F Ga Mar M
Garrett, Frances
            27 F Ga Mar
Young, Mary
            27 F Ga Oct
Moon, Syntha S.
            5/12 F Ga May
Green, Chesley
            14 M Ga Mar
Green, Jesse
            11 M Ga May
Pope, Joel
            27 M Ga Jul M
Patterson, Eliza
            43 F Ga Feb M

Graves, Mary L.
    69 F Va May
White, Jesse
    31 M Ga Sep
Ivey, Jeremiah
    77 M NC Sep
Stone, Thomas' Infant
    1/12 F Ga Aug
Malcomb, Joel C.
    13 M Ga Aug
Smith, Adeline H.
    13 F Ga Sep
Griffin, William E.
    6 M Ga Jul
Kembro, Frances
    2 F Ga Dec
Jones, Sarah
    37 F Ga Mar
Butner, Thomas J.
    10 M Ga Feb
Gunn, Nancy E.
    4/12 F Ga Apr
Moon, Martha
    52 F Ga Nov
Fellier?, Luenda B.
    1 F Ga Sep
Thomson, John's Infant
    2/12 M Ga Apr
Ray, Cindrella
    44 F Ga Oct
Dickinson, Thomas J.
    12 M Ga Oct
Dial, Martin
    30 M Ga Apr
Needham, Racheal E.
    1 F Ga Jun
Ables, Eatha C.
    28 M SC Mar
Aken, Sahdy A.
    1 F Ga Apr
Ramsy, Joseph R.
    1 M Ga Dec
Ratchford, Joshua P.
    1 M Ga Nov
Thompson, John
    60 M NC May M
Smith, Winny
    72 F Ga Jun W
Greason, Wm. H.
    1 M Ga Aug
Greason, Infant of G.
    4 M Ga Mar
McMahon, James
    2 M Ga Apr
Glass, Joseph
    1 M Ga May
Ragen, Ann
    17 F Ga Jul
Micheal, William
    50 M NC Oct
Breadlove, Sarah
    20 F Mss Jul
Dalton, Silicia
    24 F Ga Jun
Fowler, Sarah H.
    1 F Ga Jul
Bailey, Joseph
    45 M SC Nov

WARE COUNTY (Page 661)

Peacock, Isham (Baptist Clergyman)
    107 M NC Feb M
Hickox, Anna
    3 F Ga Jul
Jenkins, Martha
    2/12 F Ga Mar
Jones, Sarah
    36 F Ga Oct M
Denmark, Clarissa
    25 F Ga Oct M
Stone, Daniel
    1 M Ga Feb
Strickland, James
    60 M NC Jun M
Thompson, Elijah
    21 M Ga Feb
Sweat, Martin W.
    4/12 M Ga Mar
Murray, Jehu
    67 M Ga Oct M
Ricketson, Joseph
    36 M Ga Oct M
White, Elizabeth
    5 F Ga Jan
Lastinger, General M.
    1/12 M Ga Feb
Valentine, Darley
    40 M SC Jan M
Canady, Mary
    70 F SC Oct W
Frink, John F.
    80 M Gy* Jan M
---*(b. Germany)----------------
+Missouri Davis
    20 F Ga Aug
Marina Hunt
    38 F NC Sep
Nancy Howell
    28 F Ga Aug
(Above 3 names ommissions; should be before Geesling (Warren Co.) p. 65)

WARREN COUNTY (Pages 664,5,8,9)

Hilson, Middleton
    45 M Ga Aug M
May, Jeremiah
    71 M NC May
Davis, William
    35 M Ga Dec M
Davis, Polly (Epeleptic)
    30 F Ga Apr W
Harris, Rhoda
    60 F NC Jan W
Killebrew, Artabella
    1 F Ga Jun
Martin, Tamsey
    48 F Ga Feb W
Williford, Henry L.
    2 M Ga Nov
McNeal, Nancy
    70 F Ga Oct W
Blankenship, Missouri
    1/12 F Ga Nov
Kitchens, Boaz
    73 M NC Oct M
Kelley, John
    82 M Va Aug M

Branham, Nancy
    27 F Ga May M
Kelley, Micajah
    9 M Ga Nov
Killebrew, John Q.
    6/12 M Ga Dec
Shurley, Nathaniel
    28 M Ga Jun
Shurley, William
    26 M Ga Jul
Shurley, Edward
    43 M Ga Sep M
Shurley, Missouri
    4 F Ga Nov
Parker, Samuel T.
    54 M Ga Aug M
Parker, Martholama
    57 F Ga Aug
Jackson, John William
    6 M Ga Aug
Yarber, William F.
    6/12 M Ga Jun
Harrall, Levi F.
    4 M Ga Mar
McCreary, Matthew, (Teacher)
    54 M Ga Feb
Johnson, Adam Clarke
    18 M Ga Apr
Kelley, Samuel (Dr.)
    75 M Ga Jan M
Parham, John N.
    9/12 M Ga Oct
Hill, Sion
    51 M Ga Oct M
Littleton, Alexander
    2 M Ga Apr
Persons, Rachel
    87 F NC Mar W
Smith, Stoddard W.
    38 M Con Sep M
Butt, Frances G.
    24 F Ga Nov
Douglass, Ann Maria
    24 F Ga Dec W
Seynah, Barnard W.
    2 M Ga Mar
Riviere, John K.
    65 M Ga Dec M
Burkhalter, Jacob
    85 M SC May W
Cady, Missouri E.
    65 M Ga Dec M
Shivers, Barnaby
    24 M Ga Oct
Matthews, Tabitha
    40 F Ga Dec
Allen Infant
    6/12 F Ga Oct
Norris, Mary L.
    20 F Ga Oct M
+Geesling, Martha A.E.
    3 F Ga Mar
Reese, William O.
    43 M Ga Aug M
Ivey, Euphrasia C.
    26 F Ga May M
Beck, Benjamin F.
    2 M Ga May
Heeth, Hartwell
    73 M Va Jan M

McCarty, William A.?
    1 M Ga Jul
Ivey, Lewis F.
    13 M Ga Feb
Farr, James
    60 M Ga Jan W
Thompson, Falby J.
    20 F Ga Mar M
Thompson, William
    2/12 M Ga May
Morgan, Letitia
    16 F Ga Mar
Morgan, Sarah
    19 F Ga May
Purvis, William
    70 M NC May W
Niven, Francis M.
    33 M Ga Sep W
Niven, Thomas
    64 M Ga Jul
Hechler?, Delaney
    6 F Ga May
Hughes, Caroline
    32 F Ga Jan M
Jackson Infant
    1Da M Ga Aug
Nunn, Nimrod
    74 M SC Nov
Mole, William
    86 M NC Aug W
Newsom, John
    92 M NC Nov W
Newsome, Frederick
    80 M SC Aug W

WASHINGTON COUNTY (Pages 671,75-8; 680)

Tootle, Shadrack
    40 M NC Jun
Williams, Sarah
    70 F NC Apr W
Hall, Mary G.
    39 F Ga Aug W
Avant, Ransom T.
    80 M Va Dec W
Pitman, Temperance
    34 F Ga Oct M
Archy, Giddy
    60 F Ga Jul
Parker, Archibald H.
    18 M Ga Dec
Holton, Mary F.
    19 F Ga Sep
Swint, Edmund
    64 M Ga Jan M
Pool, Middleton
    28 M Ga Nov
Renfro, Anna
    73 F NC Nov W
Taylor, Green L.
    4 M Ga Aug
Ray, Sarah
    70 F Va Dec W
Bailey, John S.
    1/12 M Ga May
Walker, William L.A.
    1/12 M Ga Oct

Sparks, James A.
   1 M Ga Sep
Sparks, Benja. L.F.
   3 Ga Apr
Gilmore, William W.
   1 M Ga Jun
Meeks, John
   3 M Ga Nov
Lang, Rosetta H.
   11 F Ga Feb
Cheeves, Abner
   75 M NC Feb
Dickson, Martha A.
   35 F Ga Dec
Hodges, Elizabeth
   28 F Ga ---
Fisher, Estley A.
   18 M Ga Oct
Gregory, Franklin
   20 M Ga May
Pitman, James
   1 M Ga Jan
Williams, Mary
   12 F Ga Jun
Daniel, Joseph
   61 M Ga Oct
Chester, Isiah
   1/12 M Ga Jan
Kenedy, Archibald
   26 M Ga Aug
Horton, Reuben S.
   2 M Ga May
Shivy, Augustus C.
   6 M Ga Aug
Avant, Sarah
   2/12 F Ga Oct
Wood, Mary
   57 F Ga Oct
Cullins, F.J.
   2 M Ga Mar
Crab, Fanny
   60 F Unk Apr
Chivers, Nancy
   74 F Ga Apr
------, Sarah M.
   2/12 F Ga Dec
Eli, Rebecca
   22 F Ga Dec
Pope, Joseph J.
   11 M Ga Jun
Jasper, William
   5 M Ga Sep
-----, Elizabeth
   9/12 F Ga Mar
Jenkins, Lucy
   70 F SC Aug
Brantly, Green
   3 M Ga May
Bedgood, Martha
   10 F Ga Feb
Barber, Wm.
   35 M Ga Sep
Chester, Asalom
   58 M Ga May
Kelly, Ezekiel
   40 M Ga Nov
Kelly, Emily C.
   11/12 F Ga Aug
Prince, Olivia
   5 F Ga Jul

Harmon, William
   1 M Ga Jul
Tanner, Sarah A.E.
   17 F Ga Jun
------, Noah
   8/12 M Ga Feb
------, Jane
   14 F Ga Dec
Green, -----
   3 M Ga Sep
Peacock, Mary M.
   2 F Ga Aug
Brookins, Haywood
   1 M Ga May
Brown, Mary F.
   2 F Ga May
Malpals, Nancy
   64 F NC Jun
Slade, Harris
   10 M Ga Aug
Roberts, Nancy
   80 F Ga Sep
Brasil, Winfred
   16 F Ga Jan
Smith, William N.
   28 M Ga Jan
Price, Cullen
   35 M Ga Oct
Harris, James A.
   5 M Ga Oct
Daily, Viny
   87 M Va Oct
Wheeler, Martha
   61 F Ga Sep
-----, George F.
   9/12 M Ga May
Wicker, Nathaniel
   1 M Ga Aug
Bridges, William
   45 M Ga Jan
Stubbs, Ann
   80 F NC May
Bynum, Joseph P.
   11 M Ga May
Helton, Martha
   2 F Ga Sep
Skrine, Benj[a]
   32 M Ga Apr

WAYNE COUNTY (Page 681)

McIntosh, Boliver
   1 M Ga ---
Calwell, John
   3 M Ga Sep
Crews, Archibald
   3 M Ga Oct
Crews, Alexander
   79 M Unk Mar W
Pearson, Robert
   10 M Ga May
Crum, Mary Ann
   25 F Ga Nov

WILKES COUNTY (Pages 685-6-7; 690-1-3)

Coats, John B.
  21 M Ga Feb
Wooten, Lemuel
  69 M NC Oct W
Shaun, Jas Washington
  1 M Ga Nov
Waller, Martha
  72 F NC Nov M
Sutton, George C.
  7 M Ga Apr
Norman, Isabella
  70 F Va Sep W
Norman, Alfred
  15 M Ga ---
Lyon, Rebecca
  33 F Ga Aug M
Poss, Elizabeth
  66 F Va Mch
Binns?, Sarah
  18 F Ga Nov
Hawes, Saml. T.
  21 M Ga Dec M
Wingfield, James
  68 M Ga May M
Calloway, Ellen S.
  10/12 F Ga Sep
Danner, Eliza
  40 F Ga Apr
Hopkins, Jilson
  78 M NC Apr W
Spratlin, Jno.
  1 M Ga Apr
Nunneller, Margaret
  95 F Va Sep W
Norman, Felix
  31 M Ga Aug M
Newman, Mildred
  1 F Ga Sep
Cofin, Enoch
  8/12 M Ga Jun
Murphey, Lucy
  72 F Va May M
Darricott, F.W.
  30 M Ga Feb M
Maxwell, Elizabeth
  60 F NC Aug
Guest, Nancy
  63 F Ga May W
Graham, Mar
  18 F Ga Nov
Barnett, Mary
  22 F Ga Nov
McLendon, Albert
  1 M Ga Mch
Curry, Jarvis
  47 M Ga Aug M
Wheatly, Ann C.
  35 F SC Feb M
Anderson, James
  8/12 M Ga Dec
Wheatly, Rhoda
  40 F Ga Jul M
Wingfield, Mary R.
  2 F Ga Nov
------, Jinny
  50 F Ga

Shank, George
  10 M Ga Aug
Poss, Franklin
  7 M Ga May
Talbot, Mary L.
  10 F Ga Feb
Row?, Catharine?
  49 F Ga Feb
Patterson, Thos.
  1 M Ga Aug
McPettus, -----
  68 M Ga Oct M
Robert, Peter
  1/12 M Ga Jan
Turner, Eliza P.
  48 F Ga Apr M
Favor, Isiah I.
  22 M Ga May
Carter, Elizabeth
  60 F NC --- M
Jones, William
  81 M Va --- M

WILKINSON COUNTY (Pages 696-7-9)

Lord, Mary
  17 F Ga Jan M
Pierce, Mary Ann
  26 F Ga Jul M
Allen, E.
  26 F Ga Jun M
Chambers, Wilson
  40 M Ga Aug M
Thompson, Caroline
  23 F Ga Jul W
Ussery, Sarah E.
  8/12 F Ga Jan
Miller, Gideon
  46 M NC Jun
Davis, Rebeccah
  69 F SC Apr
Lord, Mary
  5 F Ga May
Deese, Jackson
  20 M Ga Sep M
Fisher, Westley A.
  10 M Ga Sep
Howard, A.J.
  29 M Ga Oct
Duncan, Hardy
  44 M NC Jun
Catoe, Henry
  9 M Ga May
Parker, Stephen
  19 M NC Sep
Cannon, J.M.
  7 M Ga Apr
Lawson, Nancy
  70 F --- Nov
Exum, Mary E.
  1 F Ga May
Dominey, Nancyann
  7 F Ga Apr
Pickee, J.W.
  9 M Ga Aug
Mackey, Nancy C.
  10 F Ga Apr
Tarpley, E.J.
  69 M Va Nov

Name	Age	Sex	Birthplace	Month
Tarpley, Edwin (S. Teacher)	38	M	Va	Feb
-----, Missouri A.	6	F	Ga	Aug
Johnson, Sarah	77	F	SC	Jun W
Catoe, Henry	10	M	Ga	May
McCook, Charles D.	6/12	M	Ga	Mar
Beck Infant	3/12	M	Ga	Fe-
Lindsey, Sarah	66	F	SC	Jul W
Passmore, Bethany C.	4	F	Ga	Apr
Dupriest, Charity	40	F	Ga	May
Kersey, Nicholas	50	M	NC	Jul
Hughs, Iverson	17	M	Ga	Nov
Morey, Allen	17	M	Ga	Jul
Etherdge, Lewis	52?	M	Ga	Nov
Shepherd, Sion P.	27	M	Ga	Nov
Barlow, Abagail	3/12	F	Ga	Jun
Jackson, Thomas	23	M	Ga	Aug
Stephens, Cassy	35	F	Ga	Jun
Collens, Rachel	70	F	Va	Apr
Johnson, Mary	19	F	Ga	Mar
Sherod, -----	1	M	Ga	Apr
Vaughn, William R.	2	M	Ga	Aug
Scott, Susan J.	16	F	Ga	Dec
Jones, Paul E.	1	M	Ga	Sep
Shepherd, Edmund	75	M	NC	Oct
Barfield, Wm.	75	M	Ga	Jun
Williams, Elizabeth	74	F	SC	Aug
Hardy, James	69	M	NC	May
Melvin, Jasper	6/12	M	Ga	Jul
Melvin, James	3	M	Ga	Oct
Morgan, Thomas	5	M	Ga	Jan
Hagan, William E.	2	M	Ga	Jun
Sumerford, Sarah	45	F	Ga	Jul
-----, Patency Ann	7	F	Ga	Feb
Ritter, ------	45	F	Ga	Mar
Smith, Lydia	55	F	NC	Jan
Smith, Matilda	29	F	Ga	Jul
Allen, Zecheriah T.	3	M	Ga	Aug
------, Elviner	6/12	F	Ga	Oct

END

INDEX
1850 Georgia Mortality Census
Prepared by
Randy Linville
Ft. Worth, Tx.

Aaron, Russell 14
Abbett/Abbott,
  Lydia 21
  Sarah C. 7
Ables, Eatha C. 64
Adams, (infant) 3
  Ann 55
  B. S. 58
  Edward 12
  Frances 50
  John J. 20
  Levin 20
  Louanne 58
  N. A. 14
  Richard A. 24
  Robert 58
  Sarah L. 45
Adamson, S. 32
Addington, Washington W. 8
Aderhold, (infant) 2
Adkins, Henry 57
Adkinson, John 28
Akers, John 28
Akin/Akins/Aken,
  Daniel 35
  Leander 60
  Mary 25
  Sahdy A. 64
  William 4
  W. Q. 32
Albred, Jabez 23
Albright, (infant) 63
Albritton, Matthew 39
Alderman, Missouri 4
Alexander, Elizabeth 28
  James 34
  Jas. 29
  Madison 60
  Mary 22
  Thomas 54
  William 1
Alfred, Henry 50
Alkin, Cady A. E. 19
Allen, (infant) 65
  E. 67
  Elizabeth 10
  Hiram 49
  James M. 25
  Lucille 12
  Mary 35
  Nancy 63
  Nancy C. (infant) 63
  Richard E. 52
  Robert T. 29
  Samuel A. 63
  Sarah Ann 4
  Thomas 36
  Thomas J. 7
  W. 22
  William W. 10
  Zecheriah T. 68
Alley, Wm. H. 10
Allison, Jerry 43
  Thomas, Jr. 27
  Thomas, Sr. 28
Allman, Elizabeth 30
Almons, Jasper 38
Alt, Esau 62
  Frances 62
  Geo. L. 62
Altman, L. A. 17
  R. 17
  Richard 3
Ameaves, John 26
Anderson, Emily 46
  Eveline E. 38
  George 3,21

Anderson, cont'd:
  George A. M. 25
  Geo. W. 62
  James 16,40,67
  John 58
  John C. 48
  Jno. G. 37
  John R. 27
  John W. 16
  Martha 49
  Usine 60
  William 52
  William A. 33
  Wm. B. 19
Andrea, Elizabeth 26
Andrews, James W. 54
  John 6
  Josephine 17
Anglin, F. 34
Anner, Tailor 29
Ansley, Mary 55
Anthony, Margaret C. 5
Archbold, Alexander 10
Archer, Thomas 5
Archy, Giddy 65
  Joel 3
Armor, Martha 27
  Martha A. 27
Armstrong, Deborah 28
  Luke 53
  Sarah 10
  William 11,26
Arnold, Dunklin 7
  James C. 44
  Leila 16
  Martha E. 16
  Randall 19
  Unity E. 35
Arnott, Desenia 1
Arnsdorph, Charles 21
  Sarah 21
Arrington, James 52
  Sarah F. 35
Asbury, Francis 33
  William H. 47
Ash, Eliza 9
  Jesse L. 25
Ashburn, Francis 33
Ashwourth, M. M. 22
Askew, Ellen J. 30
  Jackson 25
  M. AA. 32
  Wm. 27
Askey, Mary J. 49
Ataway/Attaway,
  Paralee 5
  William W. 5
Atkinson, Berry 49
Atwood, Nancy 9
Augstine, McKenny 61
Ausbern, Elizabeth 6
Austin, Celia 24
  Charlotte 7
  James 63
  John 17
  William 45
Avery, R. F. 37
  Rosanna 18
Avant/Avent,
  Ransom T. 65
  Sarah 66
  William 58
Ayre/Ayres,
  John C. 63
  Rudolph H. 46
  Wm. H. 46

Baas, G. W. 22
  J. W. 22
Backhouse, Thomas 40
Bacon, Richard 47
Baderly, Julia C. 52
Bagget/Baggett,
  Nancy M. 62
  Sarah F. 28
Bagley, Nancy 28
Bagwell, Micajah 29
Bailey/Baily,
  Ann 3
  Charles 6
  Ellen 3
  Eliza 34
  Isaac 57
  Jacob L. 42
  John C. W. 8
  John S. 65
  Joseph 64
  Kisiah 4
  Manetha 9
  Sarah A. 16
Baker, Charles 8
  Edward 8
  J. 32
  K. L. (infant) 38
  Middleton 19
  Milly 12
  William L. 11
  Willis P. 57
Balcom, H. T. 60
  Jas. J. 60
Baldwin, Augustus 53
  Benj. 29
  Christopher 55
Baley, William S. 15
Ball, Larranie Clay 53
Ballerd, Washington 6
Banks, Eaton 35
  James L. 49
  John 11
  Martha A. 16
  Mary 4
  Samuel 43
  Sophronia 37
Bankston, Dorath 43
  Mary A. C. 48
Banous (Barrows?), James 13
Banson, Wm. A. T. 8
Barbaree, Sarah 37
  Thomas J. 45
Barber, Ina 49
  John 14
  Thomas 34
  Wm. 66
Barfield, Wm. 68
Baritt, John 10
Barker, Joseph S. 31
Barlow, Abagail 68
Barnard, Levi J. 36
Barnes/Barns,
  Charles W. 15
  Elizabeth 39
  John 11,31
  Joshua 33
  Margaret 61
Barnet/Barnett,
  C. 29
  Elizabeth 40
  Isaac 9
  J. 3
  Mary 67
  Roslina 13
Barnum, Lydia Ann 9
Barnwell, W. W. 29

Barr/Barrs,
    Eliza J. 34
    Isaac 38
    Mary 29
Barrett, L. 21
Barron, George N. 42
    William 5
Barrow/Barrows,
    James W. (infant) 13
    Mary A. 36
    Robert 16
Barry, Julia Ann 14
Bartlett, Cassaminier 45
    H. J. 32
    M. J. 46
Barton, Russel 8
Bashtor, Catherine R. 4
Bass, William 20
    Wyatt 30
Bassett, James E. 57
Bateman, Jemima 41
    Middleton 41
Bates, David 16
Battle, Mary E. 56
Battler, Amander 20
Baugh, Hull 34
Bautr, Andrew W. 41
Baxter, R. (infant) 5
Beall, Anna 51
Bean, Thadeus 46
Beard, James 12
Bearden, Luanda 41
Beasley/Beasly,
    Elijah A. 39
    John D. 21
    Rebecca 14
    William 4
Beaty, James 28
Beaver, Mary 59
Beck, (infant) 68
    Benjamin F. 65
Bedford, (baby) 39
    James 39
Bedgood, Martha 66
Bele, Rufus 5
Bell, Benjamin 35
    George 46
    John (idiot) 7
    Martha A. 16
    Narcissa 29
    Robert 41
Bellamy, (infant) 25
Belsher, A. (infant) 5
Bemmon, Louis 11
Bennett, Casandra 59
    Eastly 61
    John 39
Bennifield, D. 37
Benson, Elizabeth 2
    J. W. 2
    Wm. 41
Benton, ...40
    John 42
    Richard 10
Berengen, Manervia 48
Berks, (infant) 23
Berny, Henry 53
    Isabella 53
Berrian, Catherine 23
Berry, Mr....53
Berrie, (infant) 26
Berry, Susan J. 45
Bethune, Elizabeth 4
Bettirton, Joshua 23
Betton, John 50
Beuford, Wm. 60
Bholen, Ann 38
Biggers, Fany 27
    Joseph R. 45
Bigham, James 35
Billups, Mrs. Eliza 46
Bing, James E. 24
Bingan, J.'s (infant) 60

Binns, Gus S. 3
    Sarah 67
Bird, Alexander 44
    Elizabeth 24
    Lee 7
    Lewis 31
    Lorenza 44
    James E. 41
    John W. 44
    Sarah 4
Bishop, Maseph 1
    Moses 3,19
    Susan 61
Black, Mrs. Mary 1
    Peterson 2
    Wm. 12
    Wm. C. 12
Blackburn, Anna L. 53
    James 54
    Louis L. 62
Blackman, Margaret 30
    Mary M. F. 14
Blackshear, C. E. 36
Blackstock, W. T. 24
Blackwell, Josiah 29
    Martha 35
    Martin 29
    P. 22
Blahall, Thomas C. 39
Blair, L. 22
Blakey, Elizabeth 55
Blalock, John 26
Blanchard, Mary 15
Bland, Susanna 58
Blankenship, Missouri 64
Blaxton, Obediah 54
Bledsoe, Polly 16
Blount, Edwd. 52
    Janie 42
    Leroy 5
    Martha A. 28
    Robert 58
    Sarah Frances 41
    W. 18
Blunt, Benjamin 57
    George W. 57
    Taylor 16
Boc, Mary 12
Bohannan/Bohannon,
    Mary A. 38
    Simpson 13
    Thomas 44
Bohman, Martha J. 41
Boifuillet, Cecelia A. 9
Boil, J. W. 3
Boling, Elizabeth 13
Bolton, Nicholas 24
Boman, Polly 20
Bonas, E. 51
Bonds, (infant) 63
    Arabella 34
Bone, George 39
    Martha A. E. 40
    Wm. H. H. 39
Bonner/Bonnor,
    James A. 14
    Pleasant F. 42
    Willis 7
Boon, John (child) 45
Boone, M. 51
Booth, Nancy 14
Borhill, Elizabeth 27
    John J. 27
Boring, Isaac 50
Borland, Hester 55
Boroughs, James 24
Boston, Hannah 4
Bouls, Samuel A. 24
Bounen, Sarah Anne 2
Bourguin, David F. 12
    Mary 12
Bowden/Bowdon,
    Leander 26

Bowden/Bowdon, cont'd:
    Sarah B. 26
    S. H. 50
Bowdie, Neal 15
Bowen, John 28
Bower, Archibald J. 45
Bowles/Bowels,
    Nancy M. 34
    Reuben 30
    Sarah 47
Boyce, John C. 8
    Ruth 8
Boyd, Amanda M. 42
Boyington, E. S. 32
Boyl, Martin 32
Bozewell, Martha 42
Bracher, ...62
Brack, (none) 38
Bradford, Robt. 46
    Sarah 17
Bradley, John 3
Brady, Elizabeth 56
    Francis 11
Bramblet, Anna 28
Branch, Rachel 36
    Zachry T. 27
Brand, James 28
    James F. 28
Brandon, Irene 19
Branham, Nancy 65
Brannen, James 13
Brantly, Green 66
Braselton, Jacob 34
Brasil, Winfred 66
Bray, Columbus J. 26
Breadlove/Breedlove,
    Nathan 42
    Sarah 64
Bremer, Dederick 11
Brewer, A. G. 62
    Cordon S. 45
    Jane 14,63
Bridges, Crawford 23
    Henry 54
    Joseph 23
    Mariah 44
    Martha E. 15
    Nancy 3
    Thomas F. 15
    William 66
Brigham, Mary 9
    Mary H. 11
Brinkly, William 61
Brinson, Cyprian 5
    Jason 54
    Stephen 39
Brinsond, Moses 35
Britan, Julian 36
Britt, Henry 20
    Julia 45
    Rebecca 45
    Richard 45
    Thomas 12
Britton, Samuel 45
Broadrick, James M. 44
Brock, Mary 61
    Sarah J. 44
    Valentine 31
Brogdon, Sarah 8
Brooker, Nicey 58
Brookins, Haywood 66
Brooks, Aaron 17
    Charles 35
    Jobe 45
    M. J. 50
    Nancy 63
Brown, ...27
    Albert 61
    Alford E. 42
    Allice 48
    Amey 4
    Amos T. 16
    Berry 8

Brown, cont'd:
  Ezekiel 31
  George O. 22
  Jesse 8
  John 11
  John's (infant) 60
  Joseph 31
  Josephine 18
  Julia A. 18
  Louisa 35
  Mary A. 5
  Mary F. 66
  Mary T. 5
  Mordica 39
  Robt. 21
  Roxana 51
  Samuel 34
  Silas 2
  Tempy 48
  William 18,43
  William A. 20
  William R. 35
Browning, Mary 59
  Thomas 16
Brownlee, Maryann 28
Bruce, Monroe 27
Bruen, Wickliffe 9
Brumley, Elizabeth C. 17
Brundage, Marietta 30
Brunt, Missoura 48
Bryan, John C. 27
  Lucina 59
Bryant, Elias 56
  Mary 23,54
  Moses M. 7
  Pleasant 40
  Robt. 7
  William 29
Bryson, Terry 12
Buchan, Christian 49
Buckannan/Buchanan,
  Benj. 30
  Elizabeth 14
Buckley, Amenda 40
  Missuria 40
Buckner, J. M. 31
Budler, Francis S. 54
Bugg, Robert W. 54
Bukham, Parthena A. 8
Bulger, Mary 50
Bullard, Julia 54
Bullock, M. 37
  Mahala 56
Bundrick, B. F. 17
  Joanna 17
  N. A. 17
Bunn, John L. 30
  Moses 5
Burang, Margaret J. 60
Burch, Lewis 53
Burk/Burke,
  John 10
  Martin 55
  Mary L. 36
  William 2
Burkhalter/Burholter,
  Isaac 49
  Jacob 65
Burkhew, ...16
Burnett, C. 31
Burnett, Selina 9
  Zoe 5
Burnham, Elisha B. 7
  William C. 33
Burnes/Burns,
  D. 18
  Francis 60
  Henry 10
  Mary 60
Burnside, William 46
Burris, Lucinda 24
Burroughs, Cyntha E. 40
Burrow, Leah 7

Burt, N. 21
Burton, John M. 47
Burye, Nathaniel 26
Bush, Benj'd. T. 36
  Isaih 20
  Martha A. 20
  S. A. 36
  Sarah A. 61
Bussy, Amanda (Bunz?) 21
  Charles A. 38
Bustin, John W. 23
Butler, Henry S. 34
  James 42
  Jessie 4
  Letty 40
  M. A. 18
  Mary C. 4
  Sarah 42,55
  Sealy 4
  Thomas 37
Butner, Thomas J. 64
Butt/Butts,
  E. M. 2
  Frances G. 65
  Henry C. 61
Byard, Mrs....46
Byars/Byers/Byer,
  Dreury 8
  G. W. 6
  Martin 6
  Permelia 7
  Zachariah 30
Bynum, Joseph P. 66
Byrantine, (infant) 23
Byrom, Henry C. 44

Callile, Jinny 38
Carter, David 24
  Elizabeth 67
  J. P. 55
  James 27
  Jane 39
  Jeptha 63
  L. 22
  Liddia 1
  Mary 39
  Nathan 7
  Rhoda 24
  Richard 34,51
Cade, John 11
Cady, Missouri E. 65
Calahan, William 47
Caldwell/Calwell,
  C. 32
  Frances 59
  Isaac G. 26
  James N. 26
  John 66
  Robert 37
Calhoon/Calhoun,
  Elisebeth 57
  Elizabeth 2
Calloway, Ellen S. 67
Calver, Alexander 27
Cameron, David B. 59
  Frances E. 8
  Isabel 58
  Jane 26
  Margaret 43
Cammell, Henry 40
Camp, Aaron 29
  (infant) C/Wm. 28
  Samuel R. 30
Campafield, Miss Emily 1
Campbell, Christian 43
  Jas. 32
  Jane 7
  Julia A. 10
  Margaret 53
  Susan L. E. 23
Canada, William J. 22
Canady, Mary 64
Caney, Jeremiah 49

Cannon, Harrison 19
  J. M. 67
  James M. 40
Cantrell, Sarah 39
  Thomas 40
  Wm. B. 26
Canuett, Isabella 11
Capel, Elizabeth 61
  James L. 42
Carden/Cardin,
  Susan E. 48
Carrin(Cardin), David 48
Carder, Vina 3
Carelton, William B. 7
Carlisle, (infant) 34
Carlton, E. 22
  Edwin 55
  Georgia T. 13
  J. P. 22
Carmichael, Nancy 27
Carnes, Doctor T. 47
Carpenter, Lydia 33
Carr, Cecelia 52
Carson, John H. 36
  Robert 63
  S. J. 50
Cartledge, (un-named) 18
  Caroline 18
Cartwright, Willis D. 59
Carrol/Carroll,
  Jas. 16
  M. J. 32
  Newton C. 47
  P. L. 31
  Thomas 27
Cash, F. W. 3
  N. 22
Cason, Cornelia 52
  Louisa V. 53
Cassaway, M. E. 51
Cassidey, Hugh 21
Casswell, Wm. 18
Castellow, Jas. M. 31
Castleberry, Elija 39
Castil, John H. 2
Castillo, Leonora 49
Castles, Araminata 14
Caston, Jos. M. 31
Cates, Robert 28
  James H. 28
Cato/Catoe,
  David 31
  Henry 67,68
  James W. 56
Caulter, Joseph 62
Causey, S. 51
Cavender, Clement 29
Cawley, Sarah 42
Caywood, Elizabeth E. 62
Cazender, Mary 62
Cessna, Robert B. 44
Cevels, Samuel 59
Chadwick, David 25
  James 25
Chaifin, William 24
Chambers, Louisa C. 34
  Wilson 67
Chamless, James W. 3
Chancey/Chancy,
  Christopher 1
  John H. 32
Chandler, Ninette 34
Chaney, Mary A. 2
Chapion, Jno. 51
Chapman, Amanda 41
  Ambrose 48
  James 60
  Mary 60
  Mary C. 58
  Nathan A. 58
  Wm. C. 23
Charlton, John 21
Chastain, Harriet E. 37

Chastain, Priscilla 58
   William 29
Chatham, Mary 24
Cheek, Thomas B. 44
Cheaves/Cheeves,
   Abner 66
   Thos. A. 7
Chesser, Thomas 37
Chester, Absalom 66
   Isiah 66
Chew, Carson 52
Childers, Ada R. 1
   Sarah 6,48
Childs, Catharine 25
   Lucky 36
Chippawanee (Indian) 45
Chitson, William 11
Chitty, (infant of) J. M. 39
Chivers, Nancy 66
Christian, Jno. 55
Chumilda, Elizabeth 40
Cilinnvent, Mary 39
Cimerly, Elizabeth 8
Clark/Clarke,
   A. 32
   Amanda 35
   Archibald 46
   Benj. 55
   Delphia H. 4
   Elizabeth 5
   Florence 6
   Gibson 2
   Jackson F. 59
   James 45
   Julia 50
   Sarah 3,5
   Serena 6
   Thomas C. 37
   Wiley V. B. 28
   Wm. 34,56
   William F. 33
   William J. 4
   Zachariah 18
Clary, Wm. W. 38
Clay, Avery 15
   Thomas S. 4
Clayton, Charles D. 33
Cleland, James 9
Clemans/Clemens,
   Arthur 37
   S. A. 36
Clemants/Clements,
   Harry 55
   (infant) 42
   James A. 37
   Martha 55
   Samuel L. 42
Cleavland/Cleveland,
   David S. 25
   John H. 29
   Laura 14
Clifford, Margaret 53
Clinard, Jacob 18
Clinch, D. L. 6
   Gen. D. S. 2
Cline, Mary 48
Clinton, James 7
Clire, John 11
Cloud, E. 31
   L. 31
Clyde, Malinda 45
Caoley, E. A. 49
Coaley/Coaly, Bethany S. 49
   J. R. 49
Coalman, Eliz. V. 49
Coates/Coats,
   John B. 67
   Marcha C. 11
   Martha 56
Cobb, Andrew A. 8
   David 58
   Elizabeth 45

Cobb, Ellen 18
   Francis 7
   Jane 38
   Jonathan 21
   Lucretia 18
   Mary 61
   Sarah E. 59
   Wm. L. 2
Cochran, Calvin 44
   Thomas 11
Cockrell, Elizabeth 28
Cody, David 57
   Leaty 25
Coffee, (infant) 60
   Clark 49
   James L. 44
   Purcilla 60
Coffer, Thomas 47
Cofin, Enoch 67
Cohoon, Samuel 47
Coker, Wm's. son 56
   Wm. B. 62
Colbert, Elizabeth 42
   Emily 40
   Wm. T. 30
Cole, Ann 51
   James D. 12
   John 25
Coleman, Ellender 59
   Emeline E. 53
   John W. 45
   Sarah A. 8
Coley, Jesse M. 44
Collens, Mary S. 47
   Rachel 68
Collier, Benjamin 17
   Darthula A. 63
   Elizabeth 61
   Henry 19
   Louisa 21
   Nancy F. 43
   Robert 61
Collins, Paschal 23
Colson, Josiah 53
Colquitt, Matilda 61
Colvin, Mary E. 31
Colwell, Green 33
Combs, John 14
Compton, Doctor F. 35
   Elizabeth 35
   Hampton 56
Cone, Washington 59
   William F. 30
Coney, Jerrymiah 20
Connally, Sarah 44
Connel/Connell,
   Dicey M. 14
   Jessee W. 20
Conner, Abigail 6
Conry, Child J. 52
Conway, M. J. 11
Cook, Antonett 16
   Clark J. 52
   George C. 55
   Henry 13
   James 48
   Julia Ann 14
   Malinda 48
   Martha 50
   Mary 12
   Parciana 55
   Polly Ann 60
   Sarah 12
   Zachary T. 14
Cooley, Tobitha 59
Coombs, Daniel H. 60
Coop(Coos?), Samuel J. 5
Cooper, Caroline 17
   J. 31
   James H. 14
   John M. 53
   John W. 33
   Nancy 61

Cooper, Sarah 22
   Thos. B. 13
Cope, Charles F. 9
Copeland, William 19,44
   Wm. A. 44
   W. P. 32
Coppedge, Thomas 48
Coran, Ann C. 48
Cordial, Bridget 11
   James 11
Corly, David 57
Corley, Melissa J. 16
Corner, Nancy 35
Corsey, Absolom 46
Cosby, H. M. 22
Cothran, John C. 48
Cotten, M. E. A. 51
Cotton, Edmond 45
Couch, Wm. E. 16
Couie, John 43
Couper, (infant) 26
   John 26
Course, Narcissa E. 15
Courtney, Wm. 55
Covin, Amanda 46
Covington, Neremiah 35
Cowart, A. 12
Cowan, Mary 54
   William A. 60
Coward, John T.'s (infant) 56
Cowart, Henry 21
   Henryetta 21
   Kiziah 22
Cowen, Camilla 49
   John 46
Cowney, B. 13
Cox's, Infant-Martha 56
   An E. M. 3
   Brian H. 20
   Teresa 3
   W. B. 54
Crab, Fanny 66
Craft, M. 22
Crane, Joel A. 2
Crapp, Wm. 51
Crawford, Edmund 48
   J. 31
   Mary E. 25
   Patsy 15
Creamer, Nancy E. 49
Credille/Credillo,
   E. 32
   Grey 27
Crews, Alexander 66
   Archibald 66
Crim, J. W. 32
Critington, Thomas 22
Crocker, California 52
   Cornelius 55
Crocket, Elizabeth 19
Croft, George 13
Crooms, Margaret 33
Crouch, Mary A. 31
Crow, Augustus 50
   Elisha 26
   Frances 34
Crowder, Eliza 42
   George D. 48
Crowell, Rachael C. 31
Crum, Mary Ann 66
Crumbie, Elizabeth J. 47
Cruse, Moses N. 16
Cubbage, Alfred B. 9
Cubbedge, Barbara J. 9
Cullins, F. J. 66
Culpepper, Martha 53
Cumbie, J. J. 51
   Salatha Jane 48
Cumming, Ann 53
Cummins, Joshua 33
Cunningham, Robert 3
Curran, Patrick 54

Curry, Harriet B. 62
    Jarvis 67
    William C. 35
Curtis, (infant) 12
    Wesley's (infant) 61
Cuvent, Ellen C. 27
    Rebecca F. 27

Daily, Viny 66
Daley, Frances 9
Dalton, Silicia 64
Dancey, J. 18
Danforth, Rachel 52
Daniel, E. 12
    Elizabeth B. 40
    Henry 61
    Joseph 66
    Rose P. 36
    Simeon 6
Daneily/Dannelly,
    Arthur 18
    E. 18
    Elizabeth 14
Danner, Eliza 67
Danney, John A. 24
Darling, Robert 23
Darlington, Martha 5
Darricott, F. W. 67
Dasher, Gideon 21
Datson, Ann M. 6
Davenport/Devenport,
    (infant) 61
    Eve 61
    Francis D. 33
    H. A. 6
    Washington 61
    William W. 43
David, Benjamin B. 34
Davidson, Frances E. 34
Davis, (none) 40
    (infant) 42,61
    Augustus S. 52
    Catherine 14
    Charlotte 47
    Edward A. 20
    Elizabeth 17,62
    James 56
    James E. 11
    James M. 7,43
    James K. P. 15
    James T. 47
    John 17,23
    John B. 4
    John M. 28
    Mrs. Kesiah 1
    Laura Ella 1
    Martha 22
    Marth J. 60
    Mary 3,23
    Mary C. 24
    Mary E. 11
    Nancy 61
    M. E. 36
    Missouri 64
    M. J. 51
    Polly 64
    Price 45
    Rebeca 4
    Rebeccah 67
    Richard 11
    Roxy 55
    Susan 40
    W. 21
    William 36,60,64
    William C. 4
    Zachariah F. 44
Day, Asal's (infant) 61
Dean, Allan W. 45
    John 44
    Martha 25
    Nancy 37
    (infant) of W. E. 38
DeBose, Jasper 55

Deese, Jackson 67
Dehee, John F. 53
Delany, James I. 59
Dellam, John R. 3
Demeron, Oliver 46
Dempsey, Louisa 60
Demark, Clarissa 64
Dennis, Francis P. 61
    John 30
    Mary 16
    Stephen H. 14
    Wm. 14
Denson, James 6
    John 49
    Sarah 49
Dentan/Denton,
    (infant) 61
    Mary A. 2
    Saml. 61
    Wm. M. 61
Deurerse, William 3
Deville, Eli V. 52
    Emily C. 52
Dewell, Marthy 7
Dial, Martin 64
Diamond, James 19
Dick, Francis A. 56
Dickinson, Thomas J. 64
Dickson, Isaah 22
    James W. 62
    Martha A. 66
Dies, Sarah 17
Dillan, Sarah 6
Dilliard, ___nnis
    John 25
Dishavon, William E. 62
Divine, Winnie 11
Dixon, Boling H. 42
    Delaware 6
    Hickmon 36
    Sidney A. 42
Dobbins, Caroline 28
Dobbs/Dobs,
    Martin 39
    Stephen 45
Dobey, Mary 6
Dobson, Jas.(Jos.) 12
Dodd/Dodds,
    Jane 5
    Martha 28,48
Dogget, John R. 40
Dogit, Catharine L. 36
Doles, Laura Ann 33
Doling, James 37
Dominey, Nancy Ann 67
Donahoo, Saml. L. 19
Dopson, Thomas 58
Dorch, Elizabeth 25
Dorce, Erastus L. 23
Dorman, Eliza Jane 56
Dorsett, Elizabeth C. 34
    John 7
Doryan, John 9
Dosier, James 20
Dossett, Jane 12
Dotson, John D. 39
    Martha 62
Dougherty, Ann 15
    Chas. 34
Douglass, Ann 51
    Ann Maria 65
Douthet, Robert N. 25
Downs, Elizabeth 25
Doyle, Mary E. 9
Dozier, Mary Jane 13
Dramon, Daniel 1
Drew, Lucy 36
    Newit 36
Drie, Cilla 50
Driggors, Albert 40
    Almira 40
Drinkwater, Martha 2
Driskell, John F. 34

Driver, George S. 56
    Jacob 28
Drummond, A. 12
Drury, D. 11
    Edwin 48
Dubery, Bradford 57
    William 43
Dubignon, Amelia 26
    Joseph 26
Dubose, Sarah 37
Ducket, John 29
Dudly, Mary Frances 48
Dudney, Arthur 55
Duffer, Barbary Ann 1
Duggan, Edward 10,12
    George W. 10
Dugger, Berrian 59
    Mary A. 8
Duke, Anderson 41
    J. 32
Dumas, Mary P. 42
Dunaway, Fanny C. 47
    Matilda A. 47
Dunbar, Emily P. 28
    James W. 52
    Mary E. 52
Duncan/Dunken/Dunkin,
    A. 22
    Alex. 61
    Elijah 34
    George 36
    Georgian 13
    Hardy 67
    Juda 13
    Margaret J. 36
    Martha 25
    (child) Wm. 54
Dunham, Nancy 50
Dunlap, Jas. 51
Dunn, M. D. 31
    Rhoda 30
    Thomas 56
    William 50
Dupree, Keziah 47
Dupriest, Charity 68
Durant, Martha 54
Durham, Hiram 29
    Wm. 26
Dwier, Patrick 11
Dyal, Nancy 1
Dyere, (infant) Elijah 61

Ealey, J. H. 51
Earnest, Elisha C. 41
    Stephen W. 44
Easen, Joshua L. 49
Eason, Martha 53
East, Sara 29
Easterling, Henry 56
Easters, L. 59
Eaton, Jesse 13
Eberhart/Eberheart,
    D. G. 29
    G. _. 29
    Jacob 47
Edgworth, Emma 33
Edinfield, Joshua 22
Edins, W. D. 49
Edmondson, Elizabeth 27
    (infant) of J. 38
Edwards, Benj. R. 63
    . F.
    Nancy 39
    Polly 13
    Thomas 14
    Wm. L. 39
Elam, A. N. 55
Elder, Joshua 14
Eley, Mary 9
Eli, Rebecca 66
Elkins, M. E. 31
    Narcissa 41
Elliott, (infant) 9

Elliot, B. M. 9
   Howell 55
Elliott, Mary J. 25
Ellis/Eliss,
   Addison 19
   Garland M. 31
   James 25,46
   Mary C. 47
   Michael 26
   Walter W. 25
   Wiley 29
   Wm. 24
Ellison, Elijah 12
   Nancy 34
Elrod, (babe) 39
   John 63
Elster, Benjamin 39
Emery, Lydia D. 44
England, Joseph P. 8
   Margaret E. 44
English, James 38
   William 7
Eppes, Francis M. 42
Epsy, Ann F. 48
Ervins, E. A. 12
Estepp, Oliver P. 6
Estes, George W. 24
Etherdge/Ethridge,
   Benjamin 28
   Lewis 68
Evans, (none) 40
   Amanda A. M. 14
   Ann H. 30
   Hubberd A. 60
   Isom 36
   Jesse 58
   Missouri B. 30
   Thos. W. (infantile) 8
Evins, Leanear 58
Exley, C. 21
Experience, John 3
Exum, Mary E. 67

Fagan, William H. 40
Fain, Zachary Tailor 47
Faircloth, Mrs. Elizabeth 1
   Mary F. 1
Falligant, Catherine F. 9
Fant, Philip F. 52
Farlow, Benj. F. 18
Farnal, Mary 20
Farr, James 65
   Thos. J. 19
Farver, Ruffin R. 54
Favor, Isiah I. 67
   Reuben 41
Fee, Nathaniel 19
Feeloy, James 5
Feilder, Thomas 43
Fell, John 23
Fellier, Luenda B. 64
Fellingim, Jesse 27
Felt, Oliver P. 9
Fenn, George W. 4
Fennell, Sarah A. M. 37
Fergason, ___ley H. 29
Fernanda, Wm. 16
Ferril, Elizabeth 19
Fewell, Edmuns 57
Fielder, Elizabeth 3,50
   John 8
   Joseph H. 6
Fields, Catherine C. 48
Fillips, Eunity 60
Fina, Eliza 52
Finch, John 42
Findlay, Louisa E. 13
Finley, Elijah 32
Finney, Harriet R. 36
Firth, Zachary 5
   Z. F. 51
Fisher, Estley A. 66

Fisher, cont'd:
   John B. (Dr.) 8
   Westley A. 67
Fitzgairls/Fitzjarrel,
   Benj. 33
   John 33,54
Fitzpatrick, Alexander 17
Fiveash, Leon 21
Flanagan, Mary J. 4
Flanders, Mark 33
Fleming/Flemming,
   Jas. D. 52
   Robert 14
Fletcher, James 39
   Martha F. 23
Flewelle, Abner H. 46
Flinn, Harriet 37
Floier, Joseph 51
Flowers, Sarah 61
Floyd, Elizabeth 60
   John H. 50
Foche, Jane 37
Fogarty, Lewis 11
Folsom, Rachel 39
Force, L. R. 12
Ford, Martha 31
   Michael 11
Foreman, Amarinth 46
Fortner, Benjamin 29
   Letitia 31
   Sarah 40
Foshee, Josiah 61
Foster, J. M. 32
   John W. 5
   Mary T. 16
   Sarah E. 35
   Sarah H. 46
   Thomas J. 15
   William P. 9
Fouts, Leonard 44
Fowler, Lucy 18
   Sarah H. 64
   V. J. 17
   William 44
   Wylan 17
Fox, Catherine 14
   David 2
   Martha 14
Franklin, Caullis 41
   David 42
   Emily 18
   Nancy 38
   Sarah 61
   William 13
Fraser/Frasier/Frazier,
   Caroline M. 9
   Daniel 56
   George 58
   G. V. 49
   Jabus M. 41
Freeman, C. 54
   Elizabeth A. 59
   Emily 38
   Levina 35
   Martha 57
   Mathew 20
   Taylor 58
Friar, J. 31
Fricks, Isaac 8
Frink, John F. 64
Fry, Hartwell H. 13
Fryer, Sarah 48
Fulcher, Nancy 34
Fulgum, Harriet 52
   Sarah 52
Fuller, M. E. 32
   William L. 41
Fullwood/Fulwood,
   Edward (Dr.) 2
   John 33
Fully, George W. 43
Fulton, Louisa's (infant) 56

Furr, Stephen 29
Futch, Thos. G. 4
Futrel, Levi 5

Gable, Ibby 25
Gaddis, James 40
Gaddy, J. W. 32
   Thos. 19
Gafferd, Nancy 49
Gague, John 24
Gant/Gantt,
   Ela M. 34
   Nancy 19
Gaines, Levi 5
   Young T. 8
Gainey, Chas. W. 49
Galaway, Albina 48
Gallahan, Hugh 10
Gallahar, Simon 10
Galpin, Celetia 11
   Elbert W. 11
   Sarah 11
Ganahl, Drury 9
Gandy, Jesse T. 2
Ganey, Benjamin 5
Gardner, Lucretia 14
   Nancy 12
   S. 31
   Sarah 42
Garland, M. 9
Garner, J. 32
   Martin 34
   Nancy 24
Garnet, John 15
Garrett/Garrot,
   Frances 63
   Laura A. 24
   Susan 24
   Thomas 61
   Wm. 61
Garrison, Melvina 12
Garrow, Elizabeth 25
Garven, Tabitha 37
Garwin, Francis 14
Gass, N. L. 55
Gatewood, A. D. 50
Gaulden, Cornelia R. 38
Gause, Jane 51
Gay, Mary 53
Gayner, Mary 53
Gazaway, Rhoda S. 44
Geddings, M. 18
   Nancy 18
Geesling, Martha A. E. 65
Gendum, William M. 54
Gentry, Amanda 57
   Daniel 63
   Robert S. 31
George, John 11
Geter, Edmund W. 38
Getty, Lethy 47
Ghint, John B. 31
Gibbs, Elizabeth 43
Gibson, David 43
   Elijah 26
   Henry A. 47
   James 26
   Martha R. 14
Gilbert, (infant) 62
   J. Ann 19
   Jemima 48
   N. J. 51
   William 20
Gilbreath, (infant) 61
   Jerry 61
Gilder, Lucus 23
Giles, John M., Jr. 32
Gilham, Rebecca 19
Gill, Linda 40
   Mary 10
Gillesspie/Gillespy,
   June 3
   Laura E. 48

Gilliland, Junaha 13
Gillis, Mary 43
Gilmore, Elizabeth 20
   William W. 66
Ginnings, Benjamin T. 28
Girley, John 61
   Young 61
Glass, Daniel C. 42
   Joseph 64
   W. T. 32
Glenn, Mary 55
   Sarah 63
Glosso, Elizabeth 14
Glover, Ann 34
   Ceopatra 31
   J. 18
   Richard L. 44
Gnann/Gnnann,
   C. 21
   David 10
Gobel, Alfred 47
Gober, Georgia A. 8
Godbee, Henry 6
   James A. 6
   James H. 6
   Mary 6
   Palmyra V. 6
   Samuel 6
Godfrey, Martin L. 9
   William 9
Godwin, Mary 41,56
Goff, M. A. 51
Goin, Jefferson 41
Good, Martha 46
Goodman, William 20
Goodrich, Hayden G. 53
Goodson, Nancy A. 62
Goodwin, Caroline 2
   Solomon 19
Coolsby, Mary 57
Gootson, Henry C. 7
Gordon, Abigail 36
   Alexander 27
   Martha F. 49
Gouch, Elizabeth 39
Goulder, Oliver 29
Grace, James 3
Graham, Augustus C. 39
   David 20
   H. R. 27
   James M. 20
   John 1
   Mar 67
   Wiley 56
   W. W. 49
Grant, George W. 57
   J. 11
   N. J. 32
   Philip 62
   William 37
Grantham, Elbert G. 50
Graves, Mary L. 64
Gravitt, John B. 24
Gray, Ann 57
   Eliza 4
   George 58
   Isaac 38
   James 36
   John M. 8
Greason, (infant) of G. 64
   Wm. H. 64
Green/Greene, ...66
   Chesley 63
   Clarissa 62
   Franklin 48
   Jasper 26
   Jesse 63
   Lucinda 26
   Lydia 56
   Martha 38
   Mary 13,24
   Mary Ann 36
   M. S. 32

Green, cont'd:
   Nathaniel 53
   W. P. 23
Gregg, Peter 11
Greggs, Polly 57
Gregory, (infant) 1
   Franklin 66
   JoOn D. 55
Greer/Grier, Edwin 47
   George B. 60
   John 60
   Peter 11
Greer, Archibald T. 1
Griffin, Aug. C. 37
   Clara 3
   C. W. 32
   Eliza E. 62
   Emma 3
   Henry R. 2
   James 38
   James A. 17
   Lewis 52
   Permelia 25
   Sarah J. 33
   Susan 13
   Susan E. 13
   Waller, Jr. 27
   William E. 64
Griffis, Julianna 47
Griffith, John W. 25
Griggs, William 30
Grimsley, Sarah 21
Griner, Nancy 4
Grinsted, J. W. 49
Grisham, William T. 47
Gross, Baily 17
Grubb/Grubbs, Martha 37
   William W. 34
Guest, Nancy 67
   T. 32
Gui, Lewis 51
Guinett, Robt. C. 37
Guisu, Philip C. 52
Guliver, James 33
Gullett, Isaac B. 63
   Lydia 62
Gun/Gunn, Daniel 33
   George W. 43
   Margaret 46
   Nancy E. 64
   Wm. P. A. 46
Gunter, James W. 20
   Martha C. 34
   T. C. 34
Gurganis, David 3
Gurley, Jesse 19
Gurnsey, William M. 9
Gwin/Gwinn, Elizabeth J.17
   George 45

Hackney, Robert 47
Hadden, Rebecca 35
Haderway, Mary 35
Hagabook, (infant) 2
Haggood, Benjamin 61
Hagan/Hagens/Hagins,
   Charles 37
   Lucy 24
   Sarah A. M. 42
   Virgil 4
   William D. 48
   William E. 68
Hail, Salathial M. 29
Haines/Hains, L. 22
   Nancy 60
   Saso 29
Hair, Joseph A. 37
Hale, Daniel 24
   Franklin 62
   James 8
   Joseph 48
   Judith 17
Haley, Elizabeth 25

Haley, Francis 19
Hall, Alatanta 30
   Jane 46
   Jordan 59
   Margarete 47
   Mary E. 27
   Mary G. 65
   Robert 47
   Thos. G. 53
   William 15,46
Hallfriend, A. W. 27
Hallman, Mary 15
Ham, Martha A. E. 5
Hambric, Hanna 36
Haimes/Hames, Francis 56
   John 56
   Mary 59
   Thomas J. 56
Hamilton, R. A. 12
   William 62
Hamlin, Benj. 42
Hammack, Sarah E. 57
Hampten/Hampton, Benj. 37
   Wilantha 1
   William E. 5
Hana, John 7
Hancock, Benjamin 50
   J. H. 22
   Jane 33
Hand(Homa), Rebecca 13
Hand, William 33
Handoock, Margaret 33
Hankerson, Wm. B.'s (infant) 5
Hansford, Joseph 13
   S. 22
Hardman, Bluford F. 19
   Harriet D. 53
   Hormel 53
Hardeman, Wm. T. 8
Harden, Edy 7
   Mary R. 16
   Patrick 11
   Wm. J. 13
Hardy, Frances 34
   James 68
   Mary L. 15
Harkness, J. 32
Harmon, William 66
Harn, William 38
Harold, Catherine 8
Harp/Harps, John L. 45
   John R. 45
   Joseph I. 56
   Lavica T. 63
   Mary A. 63
Harper, James 12
Harrall/Harrell, A. J. 24
   Levi F. 65
Harrelson, Berrnian 26
Harris, Elizabeth 14
   Ciles 63
   James 26,44
   James A. 66
   James H. 40
   Jesse's (infant) 58
   John 43
   John B. 26
   John W. M. 7
   Joseph 34
   Joshua 25
   Julia 37
   Liddy 15
   Louisa 12
   Lucy 8
   Mamie 31
   Margaret 25
   N. J. 43
   Nancy 43
   Peggy 46
   Rhoda 64
   Thomas 23
   Wm. T. 17

Harrison, (infant) 25
   E. 18
   Jacob 60
   Mary A. 49
   Sandhope 48
   William 42
Harstring, Anna 51
   Pertisan 51
Hart, James 4
   John 23
   Sarah 58
Hartford, Elizabeth 53
Hartley, John 33
Harvey, John 46
Haselden, Stephen A. B. 49
Hastin, Wm. W. 16
Hasting, Nancy 23
Hatcher, Ellington 5
Hatt, John 13
Hatty, Elizabeth A. 30
Haul, Francis 20
Haupt, Julia B. 9
Hawes, Saml. T. 67
Hawkins, Mary C. 63
   Robert 17
Hawks, W. B. 29
Hawthorne, Cherry 18
   Elizabeth 55
Hayner, Walter W. 15
Haynes, Edy 63
   Smith 62
   Thomas J. 42
Hay/Hays, Charles 34
   Counsil 13
   Elias 28
   Mary 56
   Mary J. 34
   Thomas 10
   William 21
Head,...62
   Henry 62
   J. 29
   J. P. 32
   Margaret 62
   Patrick 11
   Wm. 23
Heard, C. W. 12
   Frances 30
   Henrietta 52
   Jane 19
   Lewis P. 52
Hearn, (infant) 43
   Elizabeth 4
   J. F. 22
   Mary S. 4
Hearnton, Dicey Ann E. 20
Heartman, (infant) 62
Heath/Heeth, Hartwell 65
   Mary 51
   Thomas 41
Heattier, George 10
Hechler, Delaney 65
Hedrick, John 62
   Sophia 10
Heep, Emeline 11
   Mary E. 11
Heffin, Mary 13
Heidt, Daniel G. 9
   Edwin S. 9
Helbard, John 6
Helton, James 7
   Martha 9,66
   Morgan D. 44
   Peter 8
Hembre, Nancy 44
Hemly, Hannah 21
Hemphill, Andrew J. 54
Hemse, Susan 14
Henden, Thomas 30
Henderson, Andrew 11
   Elizabeth 13,26
   Hugh 38
   Nancy 49

Henderson, cont'd:
   Sabra 6
   Thomas 12
Hendrick/Hendricks,
   Frances W. 2
   Thos. 24
   Thos. D. 51
Hendley, Mary 4
Henff, (infant) 43
Henry, Benjmn. 30
Henson, Abner 9
   James 61
Herly, Polly 29
Hern, Moses 33
Hernandez, Joseph 11
   Pephania 9
Herr, Florence 44
Herron, Martha C. 7
   Nancy E. 7
Hester, James 37
Hesterlie, Francis 16
   John B. 16
Hevya, John 33
Hewett, Caroline 33
Hews, Sephan 57
Hickox, Anna 64
Hicks, Emanuel 53
   Henry N. 37
   Sorena 50
Higginbotham, Henry F. 26
   Mary M. 26
Higgins, Mary M. 24
   Samuel F. 28
Higgs, George 58
   Lucy 58
High, Ann B. 44
Hightower, George C. 23
   J. 32
   J. W. 37
   Jas. 36
   John 39
   Sarah 3
Hileard, William 43
Hill, Caty 43
   Gilleem 5
   Isaac 63
   Isaac N. 44
   John 14,38
   Martha 58
   Sion 65
   Thomas W. 44
   William T. 25
Hilly, Thomas 22
Hillyer, H. C. 27
Hillho/se, Samuel 13
Hillis, William P. 6
Hilson, Middleton 64
Hinds, Michel 58
Hinson, Chas. 50
Hinton, Faylor 57
   James B. 14
Hilton, Wm. 9
Hines, John T. 11
Hinton, Eliza 12
Hips, Elizabeth 8
   Joseph 8
Hitchcock, David 28
Hix, Harmon 46
   Jackson 18
   Mary 61
   Sarah E. 40
Hoag, Susannah 62
Hobgood, (infant) 23
Hobbs/Hobs, Louiza M. 37
   Nancy 51
Hobly, Victoria 55
Hobson, Reitz 13
Hodges, Elizabeth 65
   Margaret 54
Hodo, Nathaniel 32
Hogan, Selma 59
Holbrooks, (infant) 25
Holcum, Mary A. 8

Holder, Mary 54
Holiday/Holliday, Ellin 55
   Milly C. 20
   Simon L. 20
Holland, Mary A. 50
   Jas. W. 7
Hollin, Joseph J. 20
Hollinghead, Dominic 16
   Mary J. 16
Hollingsworth, Henry H. 3
Hollinworth, Jane 54
Hollis, Cyrus 16
Holloman, Budline 36
   M. S. 3
Hollon, Diantha 7
Hollonson, Eaton 55
Holley/Holly, John 3
   William 25
Holmes, Aaron 30
   Harriet C. 48
Holt, Elizabeth 46
   Hines (child) 46
   Hines, Jr. 45
   Joel 20
   John T. 20
   Simeon 42
Holton, Mary F. 65
   Rachael 17
Homes, E. 3
Hood, Daniel S. 13
Hooks, Barbara 2
Hopkins, Edward 54
   Jilson 67
   John H. A. 41
Hooper, Emily 19
   Lucinda 19
Horn/Horne, Andrew J. C. 56
   Henry J. 33
   Joab W. C. 33
   John C. 33
   Lucy 51
   Mary D. 30
   Seaney 57
Horsey, Nancy 54
Horton, James 7
   Reuben S. 66
Hosey, Martha 54
Houston, J. M. 30
   Saml. 16
   Wm. B. 62
Howard, A. J. 67
   Harman's (infant) 56
   Martha A. 20
   Mary 41
   Nichols 46
   Pierce 10
   Sarah 34
   Wesley 7
Howel/Howell, Benjamin 60
   Green W. 48
   Henry 51
   Nancy 64
   Wm. T. 34
Howes, Amanda 38
Hubbard, Mary A. 38
   Timothy 38
   Wm. T. (infant) 55
Huckaby, Benjamin F. 56
   Hannah 16
   John W. 37
Huddleston, Jane 13
Hudnall, Simeon 37
Hudnell, Victory 21
Hudson, Elbert 35
   Margarette 36
   Tarlton 7
Hudgens/Hudgins/Huddggins,
   Elizabeth 19
   (infant) 34
   William C. 49
Huel, William B. 42
Huff, Sarah 14
Huggabord, Ellen 51

Huggabord, Emma 51
Hughey, Mary 42
Hughes/Hughs, Caroline 65
    Daniel 43
    Iverson 68
    Jas. K. P. 37
    Katherine 43
    Mary 43
    Sarah 3
Huie, Benjamin 6
Hulsey, ...17
    William 26
Humphrey, Margaret 63
Human, Sarah E. 34
Humphrey, William 51
    Wm. 51
Hunt, Margaret 9
    Marina 64
    Unity 23
Hurdy, Martha A. M. 15
Hurlep, David 47
Hurst, James 21
    Jimima 59
Huskey, June 25
Huss, James F. 62
Huston, Thomas J. 46
Hutch, Virginia 53
Hutchins, Hines H. 28
    Polk F. 28
Hutcheson/Hutcherson/Hutchinson/Hutchison,
    Emerly 43
    Charles 10
    Jesse 18
    Thomas 22
    William 57
Hutson, Joel 40
    Thomas L. 30
Hutto, Samuel 33
Hyatt, Mary Ann C. 25
Hyuet, John B. 58

Ingham, John 16
Inglett, Elisha M. 54
Ingram/Ingraham, Jane 51
    Robert 8
    Wm. 18
Inman, John 62
    Mary E. E. 5
Irwin, A. 12
Irvin, William C. 42
Ives, Martha 3
Ivey/Ivy, Euphrasia C. 65
    Jeremiah 64
    Lewis F. 65
    Martha 47
    Wm. W. 19

Jack, Margaret 23
    Robert W. 62
    Sarah E. 7
Jackson, (infant) 65
    (babe) 15
    Colean 40
    Daniel 43
    E. 21
    Eleanor 16
    Frances 40
    Henry 1
    J. 4
    James E. 36
    James S. 30
    John 57
    John H. 47
    John William 65
    K.'s (infant) 61
    Martha 44
    Moses 27
    Rebecca 15
    Thomas 68
    Virginia H. 37
    William 9,30
Jacobs, Abbigail 33

James, B. 3
    Charles 52
    Henry 10
    John 36,52
    Martha H. 26
Jarrell, James G. 14
    Lealah 49
Jarrett, C. H. 60
    Nathaniel C. 34
Jasper, William 66
Jelks, Mary M. 49
Jenkes, Sarah 53
Jenkins, Elmira 35
    Francis 35
    John H. 45
    Lucy 66
    M. A. 32
    Martha 64
    Nancy J. 15
Jerkins, Fany 33
Jester, Elizabeth 6
Jinks, Mary E. 6
    Permelia A. 6
Johns, Booker R. 19
    Nancy R. 37
    Sarah 4
Johnson, Adam Clarke 65
    Alexander 10
    Anne F. B. 10
    Ann Elizabeth 43
    A. W. 12
    Chas.' (infant) 56
    Charlott M. 18
    Cheley G. 47
    Crawford 52
    Edward 57
    Elizabeth 28
    Fatimy 22
    James 57
    Jane 40
    John 50
    John A. 30
    John W. 28,59
    M. 32
    Malinda H. 63
    Martha 59
    Mary 29,68
    Mauderry 39
    May E. 47
    Nancy 61
    Peter 7
    Reuben 17
    Rowan 22
    S. 51
    Sarah 68
    Sarah F. 15
    S. P. 51
    Theresa 7
    Wm. D. 53
    Wm. T. 15
Johnston, Augusta C. 45
    E. M. 29
    James 57
Joiner, J. J. 32
Jones,...59
    (infant) 23
    Andrew B. 58
    Ann 15
    Charles 47,59
    Charles A. 40
    Elizabeth 38,57
    Emily 15
    Francis 53
    Francis M. 39
    Harriett 46
    Henry 22,43,58
    Hezekiah 52
    Horatio M. 26
    Ibby 17
    Jackson 57
    James M. 5,10
    Janes M. 48
    J. B. 22

Jones, cont'd:
    Jno./John 29,47
    John W. 41
    Litle 25
    Martin 15
    Mary 22
    Mary J. 35
    M. J. 49
    Nancy 21,42
    P. 22
    Paul E. 68
    Salety 50
    Sarah 4,23,64
    Seaborn 38,49
    T. A. 22
    Thornton G. 15
    Thos.' (infant) 60
    Mrs. Thomas 53
    Thomas R. 23
    William 67
    William H. 42
Jordan/Jorden/Jourden,
    Augusta A. 48
    B. W. 37
    Enoch 37
    James 17
    J. W. 37
    Lensen B. 21
    Martha 50
    Priscilla 40
    Sarah 30,36,52
    Sarahann 27
    Thomas 40
Joseph, Thomas 11
Juhan, Eveline K. 27

Kain, Michael 11
    William 10
Kay, Maran 18
Keebler, C. 21
Kehala, Zebulon B. 14
Kelk, Richard 11
Kelleher, Patrick 4
Kellett, Moses 12
Kelly, (infant) 42
    Elias 18
    Emily C. 66
    Ezekiel 66
    George W. O. 40
    Jacob 59
    Jiles 42
    John 64
    Mary E. 27
    Micajah 65
    Moses 16
    Samuel 65
    Thomas D. 62
    Winney E. P. 25
Kembro, Frances 64
Kemp, Famelia 23
    John 56
    Marcus A. 23
    Moses 15
    Sophia 56
    Zachary 56
Kennebrew, Nancy Jane 47
Kenedy/Kennedy, Ann 10
    Archibald 66
    John 15
    Mary 17
    Thomas 10
    William 10
Kenney, George 43
Kent, (infant) 1
    John 2
    Susan 46
Kerby, John L. 50
    W. R. 50
Kerney, Arther 3
Kersey, Nicholas 68
Key, Margaret 35
    Margaret E. 6
    Thomas 20

Kictching, (babe) 48
Kidd, Mary L. 7
Kilgore, Margaret M. 63
    Sarah 19
Killebrew, Artabella 64
    John Q. 65
Killian, Juliet 25
Killingsworth, M. W. 24
Kilpatrick, B. F. 45
    Peter 45
    W. J. 45
Kimbrough, Nancy 27
Kinabro, David 30
Kindle, Mary 61
King, Anna 2
    Caroline 6
    Hiram B. 2
    James H. 60
    John 43
    J. T. B. 36
    Mary 24
    Michael 2
    Nancy A. 10
    P. 22
    Peter 46
    R. 18
    Richmond 35
    Samuel 3
    Seaborn 37
    Thos. 24
    Warren 28
Kinnon, William 46
Kinsey, Cathelyn 63
Kinsler, Theresa 11
Kiny, Rachel 28
Kirk, Elizabeth 31
Kirkland, Elizabeth 61
Kitchen/Kitchens, Boaz 64
    John H. 37
    May E. 1
    Nancy 63
Kite, Peter L. 18
Kittle (Keitle), Sanford 27
Knight/Knights, Davis E. 27
    Elizabeth 23
    Julia F. 59
    Maryann 27
    Sarah 55
    (infant) of W. E. 39
Knott, Benjamin 31
    Elizabeth 31
    Wm. N. 31
Knowles, Catherine J. 1
    Nancy E. 1
Koneman, Sarah C. 5
Kontz, George 19
Krenshaw, Joseph 51
Kyle, Clarky 19
Kymbrough, Nancy 46

La_field, Zackariah 30
L-oIrbee, Elizabeth 28
Lacy, Dennis 11
Laing, ...37
Lake, Amelia 46
Lamar, Clem 52
    Mary E. 52
Lamb, Mary 20
    Nancy 21
Lambert, E. S. 12
    John 18
Lambkin, Augustus 15
Lancaster, J. R. 50
Land, James 60
    William B. 25
Landers, Elizabeth 20
    J. N. 32
Landrum, Joseph 33
    Twigs 23
Lane, John 59
    Josephine 20
Laney, Easter 42
Landsay, Maria 3

Lane, ___ary 29
Lang, Catharine 6
    James 61
    Rosetta H. 66
    Thomas 3
Langford, Elizabeth 21
Langhs, Arrington D. 52
Langly, D. T. 17
Langley, Susan 55
Langston, Prissy 15
Lanier, Margaret 28
Laning, Joseph 3
Laroche, Isaac D. 9
Larsons, Henry's (child) 45
Laseter, M. 51
Lasser, Wm. 54
Lastinger, General M. 64
Latch, Lafayett 44
Latham, Robert P. 7
Lathrope, Francis J. 52
Lavender, Michell 2
Lawhorne, Noel 37
Lawrence, John 42
    John S. 50
    Mary 43
Lawson, Elizabeth 44,57
    Fannie J. 5
    James 62
    Judson 57
    Mary 57
    Nancy 67
Layton, Martha 8
Leach, Wm. 18
Leachman, Malinda 19
Leaden, Thos. 51
Leaf, Joseph 57
Leak, James 47
Ledbetter, Betty C. 2
    James K. 2
    Martha S. 56
Lee, (babe) 48
    Barney T. 27
    Harvry L. 6
    James 32
    Mary 2,4
    Olive 46
    William 27
    Wm. W. 54
Leftrage, Wilson 59
Legget/Leggett, Aley 19
    Jas. 50
    Marietta 50
Legriel, (initial)..9
Leigh, Eleanor 16,39
Leonard, Charles 2
    James 10
    James (infant) 2
Leroper, Joseph 40
Lester, Sarah 56
Leuseur, Charles 42
Levall, Richard 16
Leverett, James 55
    Jno. 55
    John O. 47
    William 35
Levy, George W. 52
Lewis, Ann 18
    Benjamin S. 5
    Charity 4
    Elam B.'s (infant) 5
    Eugenia 5
    Geo. 31
    Hezekiah 38
    Irwin J. 38
    John A. 30
    Julia 5
    Laten 20
    Mary 18,50
    Mary R. 25
    Margaret 10
    Samantha 22
    Sarah 18,20
    Savannah 5

Lewis, cont'd:
    Talula 50
    Thomas Banks 18
Lewston, James 31,55
Lidwell, Isaiah 50
Linch, Patric 39
Lindish, Francis 10
Lindsey, Jesse H. 36
    Samuel H. 39
    Sarah 68
    William 35
Lindsy, Nancy 6
Lingold, Elijah 45
Linsey, David 49
    Margaret B. 62
Linton, Marvin 39
Lipham, Henry 23
Lipscomb, George W. 31
    Nathan 31
Lipsey, Matilda E. 49
Lison, Emily 42
Little, J. W. 12
    Luticia 12
    Margaret 41
    Robert G. 25
Littleton, Alexander 65
Livingston, Allen 31
    Sarah 56
Lloyd, Arianna 46
Locke, P. 18
Lockett, Cullen R. 41
Lockhart, Elizabeth 57
Lockridge, Elizabeth 26
Lockwell, Elizabeth 47
Lofton, Elcana 41
Lominac/Lominick, ...22
    James 55
Long, John 60
    Mary 17
    Sarah 34,38
    Theodosia S. 26
Longcrier, Christopher 59
Longston, Jese F. 27
Lord, Mary 67
Loudermilk, Ann H. 44
    J. M. 44
Love, James 21
Lovett, R. W. 54
Low, James 28
Lowe, William J. 43
Lowell, William Rayford 41
Lowry, Emma E. 34
    Martha E. 63
    Martha R. 34
    Winfield S. 17
Lucius, Henry 20
Lucky, Elizabeth 62
Ludwick, Julia 3
Luke, Nancy 14
Lumberlain, Elizabeth 14
Lumford, William R. 40
Lumsden, Lincey A. 35
Lund, Mary 57
Luneby, Cynthia 58
Lunsford, Enoch 3
    William S. 6
Luny, Anna 12
Lyle, (babe) 15
    Henry E. 15
    James 15
    Mettiri C. 16
    Sarah T. 15
Lynch, Lavinna 48
    Patrick 18
Lyon, Rebecca 67

McAlister/McAllister,
    Eugenia 18
    Geo. W. 4
McAlpin/McAlphin, James 1
    Mary 19
    Mary A. 8
McArthur, Elizth. 46

McCall, Abraham 33
   Mary A. 45
   Robert 24
McCalla, Glover 62
McCants, Eliz. 31
   George K. 57
McCarter, (infant) 24
   Wesley D. 30
McCarty, Mary 34
   William A. 65
McCathrine, Thos. J. 52
McCay, Laura S. 55
   Milly 25
   Polly 8
McClain/McClane, Edwin 25
   Jas. A. 59
McClesky, (infant) 27
McCloud, Elizabeth 48
   Martha 61
McClure, (infant) 61
   John 26
   Rebecca 61
McCollum, A. M. 12
McConnell, Ann 13
McCook, Charles D. 68
McCord, Fufus (Rufus?) P.6
McCoy, (child) 52
   Ann 3
   James H. 13
   Patience 2
   Willis D. 13
McCrary/McCreary, Isaac 55
   Jonathan 57
   Matthew 65
McCue, Minerva 52
McCullers, Matthew 48
   William H. 20
McCune, Elizabeth 6
McCurdy, Samuel 57
McDaniel, Daniel 7
   Elias 28
   Ellis 19
   John 41
   Matilda B. 19
   Sarah 24
   Sarah E. 42
   Seaborn 42
McDermott, John 10
McDonald, Mrs....3
   Ann 10
   James H. 31
   Joseph C. 20
   Lavernia 21
   Margaret 60
McDonas, S. 51
McDougald, Daniel 46
McDounell, Sarah J. 40
McDowell, Henry 49
McDuffee/McDuffie, Duncan 1
   James 41
McEachling, C. 18
McElhaney, Isaac 30
McElmon, Henry 32
   Martha 32
McElwrath, Jane E. 24
McEwing, M. 51
McFarland, Frances 30
McFeeby, Owen 11
McGaha, Mary E. 26
McGahee, Jessee J. 41
   Mary 41
McGee, Lucinda 61
McGeiust, James 11
McGibony, Nancy 27
McGill, Barney 11
   Martha E. 44
   Mary E. 27
   Nancy Emaline 44
McGinty, John W. 31
McGoldrick, Robt. R. 52
Mcgourik, Ann B. 7
McGowen, Emily 37
McGowin, Thomas 54
McGriff, Narcissa 19

McGuire, S. 12
McInery, Catharine 11
McIntosh, (infant) 23
   Boliver 66
McIntyre, John 59
McIver, John 21
McKee/McKey, Mary J. 41
   Philela 53
McKellar, Peter 48
McKennon/McKinnon, Daniel 58
   Geo. 53
   Mary 59
McKenzie, Henry 45
   T. 18
McKilpack, Duncan 34
McKinney, E. 51
   Louisa 28
McKnight, (none) 41
   Martha 12
M'Knight, Mary 55
McLauglin, Ann 19
McLendon, Albert 67
   Aninias 37
   John's (infant) 56
McLeod, (infant) 43
   Flora 38
McMahon, James 64
McMichael, Elizabeth 46
   Mary A. 15
McMilley, James 10
McMinn, M. J. 3
McMullan, M. 22
McMurry, Mattha 57
McNabb, Eliza Jane 44
   Robert H. 44
McNair, Robert 54
   Sarah 44
McNally, Richard 40
McNeil/McNeill/McNeal,
   George 2
   Geo. Wash. 1
   Nancy 64
McPettus, ...67
McRea, Edward C. 56
McRey, Emily 42
McReynolds, Fernando M. 8
McVay, Mary 56
McVeigh, Sarah 37
McWilliams, Asa 60
   Eliza 62
McWoolsey, John 43

Mackey, Nancy C. 67
Mackmim, Elizabeth 29
Madden, Rhody 48
Maddox/Maddux, Elizabeth 50
   Emma S. 41
   Susan 16
Maffatt, Jane 41
Maginty, Asa 57
   Martha 57
Magruder, Frances 42
Mahirs, Nancy H. 23
Mahone, Zilpha 4
Mainard, Sarah 48
Mainer, M. L. 51
Major, Elijah 63
   Elijah C. 63
Makinny, A. J. 42
   C. C. 42
Malcomb, Joel C. 64
Mallard, Elijah 25
   Emily T. 38
Mallheny, Elizabeth 53
Malone, Isom 35
Malpals, Nancy 66
Malsley, (infant) 3
Man/Mann, Elizabeth 46
   Louis 63
Mangran, John 57
Manghan, Malinda A. 48
Manning, Penelope 51
Manor, Rohdi 8

Manus, Everett 29
Maraner, Mariah 46
Marchman, Nancy 50
Marcus, William C. 59
Marlow, Paul 21
Marris, Sarah 60
Marsh, Janes 4
Marshall, Eliza 10
   Nancy 48
Martin, Alice V. 14
   Ann E. E. 5
   Caroline 4
   Gideon 29
   Martha 21,51
   Moses 24
   Nancy 23
   Prudence E. 28
   Sarah Caroline 44
   Tamsey 64
   Thomas 28
Mason/Masin, Abner L. 31
   Amanda 18
   Eliz. A. 14
   Robe't 9
   Wm. J. 31
Maspert, Sarah J. 46
Mass, James 27
Massey, Adaline 45
   Corra 55
   James 3
   William S. 25
Massingale, Susannah 50
Mattbie, (infant) of J. 28
Mathews/Matthews, Asa 55
   Jane J. 38
   John 23
   Josiah 48
   Martin 45
   Nancy 17
   Robe't 57
   R. P. 17
   Tabitha 65
Mattox, Saphera 28
Maulskey, M. 50
Maum, John 62
   Matilda 62
Maxcy, Sarah 14
Maxton, Elizabeth 53
Maxwell, Elizabeth 67
   Wm. 7
Maxy, (infant) 63
Mai, Jeremia 64
   Nancy 44
Mayfield, Jas. Y. T. 13
   Obadiah 63
Maynard, Lucinda 14
Mayo, Mary 35
Meadow/Meadows, James C.33
   John T. 37
   Nancy C. 1
Means, Ann Penington 48
Meckelberry, H. F. 6
Medlock, W. S. 32
Meeks, John 66
Melarty, Margaret A. C. 7
Melvin, James 68
   Jasper 68
Mercer/Merceir, Dixon 60
   James P. 59
   William 56
Merret/Merritt, Elizabeth 56
   Ephraim 56
   Martin 16
   Nancy 56
Michael, William 64
Middleton, Delila 1
   Margaret 17
Miegs, Mrs. Clark 46
Miken, Nelly 58
Miles, Edward 15
Millage, Leasy 35
Miller, (infant) 62
   Benjamin P. 24

Miller, cont'd:
    Charles B. 54
    Felix 55
    Francis 36
    Gideon 67
    Jesse 2
    O. T. 36
    Robert 46
Miles, Sarah 26,61
Mills, Sarah J. 48
Miller, W. 29
    William 4
Millner, Orpha 24
Millnor, Thomas 30
Mills, Francis 24
Millsaps, Thomas A. 25
Mims, Elizabeth 55
    Mary Ann 53
    Thos. S. 54
    Wesley D. 20
Mincy, Henry 54
Minicks, Elizabeth 23
Minis, Ellenor 10
    Theodore 10
Minish, Sarah A. 34
Mintin(Martin), Frances 14
Minton, Mary H. 43
Mitchell, Benjamin 57
    George M. 37
    John 43
    Rebecca 13
Mizzels, Alfred 45
Mobern, John 4
Mobley/Mobly, Christopher 5
    Elizabeth 33
    William 59
    William S. 33
Mock, Rhoda 1
Moland, Frances 42
Mole, William 65
Moncrief, Sarah T. 38
Mond, James 18
Monfort, John 27
Monseny, Mary 20
Montgomery, David 49
    Sarah 24
Moody, Charlotte 26
    Daniel P. 20
    Frances 38
    George H. 38
    Jane 1
    Jno. 54
    Mary 27
    Wm. P. 6
Moon, Jacob 62
    Martha 64
    Syntha S. 63
Mooney/Moony, James 11
    James 10
Moore, Amelia A. 27
    Augustus R. 7
    Benjamin O. 58
    Burnette 27
    Daniel L. 5
    James 38
    Joseph W. 52
    Martha 63
    Mary A. 13,36
    Nancy 6
    Pheby 57
    Sarah P. 56
    Tomlinson 58
Mooty, Martha 59
Morehuese, Eliza 3
Morel, Josephine S. 9
    Susan P. 9
Morey, Allen 68
Morgan, Francis 39
    Jane 55
    John 21
    Letitia 65
    M. G's (infant) 60
    Martha M. 12

Morgan, cont'd:
    Mary 53
    Nancy 55
    Riley 39
    Roxy L. 1
    Sarah 15,65
    Thos. 21,68
Morrelman, Martha Ann 59
Morris, (infant) 43
    Henry 45
    Jabes 57
    James 10,57
    John 24
    Lorenzo D. 45
    Louisa J. 34
    Silas J. 49
    Susan 58
Morrison, E. Taylor 13
Morse, Gregory 45
    Thomas 45
Morton, Patrick 10
Moseley, Katharine 22
Mosley, Sarah 31
Mosely, Sarah J. 31
Mosely, Thursy M. 23
Moses, Sarah 23
Moss, Westirn Y. 25
Mott, Wm. A., Sr. 4
Moye, Allen 51
Mozo, Christian 1
Mueton, Charles 52
Mull, James N. 25
Mullenak, Mary A. 26
Mulligan, Patrick 11
Mulling, Amelia 36
Mullinux, Hiram J. 8
Mullis, Doctor 39
    John 39
Munroe, M. R. 3
Murdoc, Elizabeth 13
Murphy, (infant) 25
    David 2
    Michael 11
    Timothy 53
Murphey, Lucy 67
    Sarah 30
Murphree, Emily V. 5
Murphrey, Martha B. 35
Murray, Daniel 33
    Jehu 64
Murry, Nancy 21
Mustian, Mary A. 10
Myerhoffer, Lewis 9
Myers, Stephen 33
Myrich, Emily J. 62

Nail, Permelia 7
Nally, Hanly 38
Nance, Albert 15
Nash, Henry E. 40
    James 22
    Tulanah A. 40
Neal, Eleanor 59
    Hiram R. 13
    Nancy 27
    Pearcy 32
Neaves, Allace 21
Needham, Racheal E. 64
Neily/Waller (as written)
    30
Nelms, J. 22
Nelson, George 43
    John B. 6
    Julia V. 5
    Malinda 43
    Mary 49
Nesmith, Louisiana 59
Nesworthy, Emily 36
New, James W. 7
    John 7
Newbury, Sarah 26
Newby, Nancy 60
Newel, Frances 20

Newman, C. 16
    Mildred 67
    Saline 15
Newsom/Newsome, Eliza A.28
    Frederick 65
    Henry 4
    Jo. 51
    John 65
Newton, Larkin D. 24
Nicely, John 24
Nickelson, Charles 47
Nickle, John 53
Nickols, (infant) 24
    R. J. 4
    Zoda 4
Niven, Francis M. 65
    Thomas 65
Nixon, Robert Green 49
Noblett, T. J. 61
Noele, Susan 47
Noland, Permelia A. 8
Nolen, N. E. 17
Norman, Alfred 67
    Felix 67
    Isabella 67
Norris, Elizabeth 22
    Mary L. 65
Norton, Mary 46
    Wiley J. 28
Nunn, Camelia 55
    Elizabeth 55
    Nimrod 65
Nunneller, Margaret 67
Nuomans, Daniel 4
Nuns, John W. 14
Nussiam, Isham 14
    John T. 14

Oabones, Lucy 7
Oates, John S. 5
O'Brien, James 2
    Susan 40
O'Coner/O'Conner, Daniel 4
    Permelia 57
Odel, J. W. 29
Odom/Odum, Arch D. 49
    Dorothy 52
    John P. 39
O'Farrel, Thos. W. 10
Ogdon, Jane 1
Ogely, M. 22
Ogle, Aaron 26
O'Hare, Mary 9
Olive, Joel H. 41
    Victoria E. 47
Olivent, T. 18
Oliver, Edward 30
    Frances E. 15
    H. P. Riley 2
    James 19
    Mary R. E. 52
    Sarah A. 62
Ollivant, Josiah 1
Olsten, Elizabeth C. 39
Oneal, (infant) 38
    Elenor 37
O'Neal, Mary J. 2
Ore, Daniel 29
Ormond, Anna 53
    Delarmar 53
O'Rourke, Felix 11
Orr, Celia Jane 2
    Lydia 1
    Rebecca 1
    Rebecca L. 2
Osbern/Osborn, Delmus H.28
    Martha 24
    Syntha 28
Oshell, Catherine 39
Osheil, Marvin 39
Overstreet, Eliza 6
Overton, Susan 58
Owenby, Amos' (infant) 60

Owen/Owens, Caroline 58
   Child B. 53
   Elizabeth 5
   Etheldree 56
   Greenberry 41
   John E. 2
   Sarah 58
   Susan 25
   Thos. P. 53

Pace, Francis 35
   Mary 30
   Wm. E. 16
Page, Abraham 50
   Alexander 50
   George C. 16
   Pena 23
Pagget, William 58
Paidiso, Wm. 36
Paige, (child) W. J. 52
Paine, W. W. 58
Pair, Marcus A. 25
Palmer, Anna W. 40
   Benj. F. 30
   Mary 59
Palmore, Stephen 40
Papot, John C. 10
Papton, Mary J. 52
Parham, John N. 65
Parish/Parich, Edward 11
   Malinda 61
Parker, Archibald H. 65
   Burrel 3
   Elizabeth J. 37
   Isaiah 7
   Joseph F. 39
   Lucinda M. 31
   Martha 38,59
   Martholama 65
   Pernekathy 56
   Richard 58
   Samuel T. 65
   Stephen 67
   William 59
Park/Parks, Byrd 16
   Clary 43
   Henry 45
   John 42
   Louisa 43
   Mary 34
   Mary B. 16
   Welcom 16
Parsens, Eunice S. 14
Paschal, Eliza Ann 38
Pass, Clark F. 47
Passmore, Bethany C. 68
Pastell, Rebecca C. 9
Partin, Munroe 63
Pate, Ann 18
Patrick, Jane 43
   John 2
   Levi 22
Paterson/Patterson,
   (infant) 2
   Amy 61
   Eliza 63
   J.'s (infant) 60
   Lovina E. 25
   L. T. 29
   Nancy 26
   Thos. 67
   Wm. 14
   W. L. 6
Pattisall, Joshua F. 33
Paul, Andrew L. 37
Payne, Franklin 6
   Harvey 17
   Martha A. 62
   Ruth 25
   Samuel 3
   Seaborn F. 52
   William P. 25
Payton, Cornelius 19

Peacock, Isham 64
   Lewis 18
   Mary M. 66
Peak, (infant) 24
   Elizabeth 12
Pearson, Lucy M. 52
   Mary 57
   Robert 66
Peauvson(Pearson), Rebecca 8
Peck, Jane 39
Peebles, Isaac S. 35
Peel, Fereby 5
Pelly(Petty), Eleanor 43
Pendergast, P. B. 9
Penney, Edward 10
Perkins, Anna S. 17
   Celia R. 30
   Cessams 3
   Isham 17
   Sarah 51
Perminto, Thomas A. 20
Perry, Abial 38
   Amanda 55
   Ann E. 38
   Ann E. V. 38
   Eliza C. 5
   George W. M. 38
   James D. 4
   John 25
   Julia C. 5
   Reuben R. 39
   Riley Oliver H. 1
   Sarah B. 21
Persons, Jones 61
   Mary 57
   Rachel 55
   Sarah F. 5
   Thomas R. 15
Pervis, Elisabeth 20
Peteet, Vetta Ann 41
Peters, Jno. 51
   Malsey 39
Pettis, Stephen 60
Petty/Pettee, Henry 20
   Margaret E. 60
Peugh, David G. 55
Phelps, M. A. 50
Philips/Phillips/Philloups,
   ...36
   Anna 56
   Benjamin 54
   Hardy 59
   H. S. 22
   Isabella 52
   James M. 56
   J. W. 32
   Lewis 35
   Mary 14,26
   Mary An 7
   Obediah G. 62
   Polly 9
   Putz 45
   Rachail A. 49
   Sarah 56
   William H. 10
Philpot, Nancy 47
   Sarah 31
Pickee, J. W. 67
Pickern, Greenberry 20
Pie, Lewis 37
Pierce/Pearce, E. 8
   Maranda 2
   Mary Ann 67
   Rebecca 4
   Riley 2
   Robert 59
   Thomas 2
Pierson, Peggy 63
Pike, Henry 24
   Joseph 45
   Zion 45
Pilcher, Wm.'s (infant) 56
Pilchez, Wm. 56

Piles, Mary 26
Pilgrim, John 63
   Thomas 29
Pimond, Samantha 19
Pior, Edward 35
Platt, Joan 20
   John Henry 1
Plaster, Moses E. 19
Pinion, Berrilla 8
   Berry 8
   Presley 8
Pinkston, Geo. W. 38
Pinson, Joseph 40
   S. H. 29
Piper, M. 32
Pittarde, Eliza M. 17
Pittford, Allen H. 47
Pittman/Pitman, James 11, 66
   James N. 38
   Martha 40,42
   Noah T. 34
   P. O. 34
   Robert 35
   S. A. 51
   Sarah 58
   Temperance 65
Pitts, W. 21
Poalnot, George 47
Poe, Anna C. 53
   George W. 53
Poke, John D. 20
Polk, Sally 34
Pollard, Albert 45
Pond, Mary 53
Ponder, Ailsey 26
   Mary Y. 5
Pool, Emily O. 53
   Mary F. 32
   Middleton 65
Pope, (infant) 62
   Elizabeth 57
   Joel 63
   Joseph J. 66
   Mathew M. 33
Porter, Jane 31
   J. C. 31
   Lucinda 41
   Martha M. 40
   Oliver N. 31
Porterfield, Susan 48
Poss, Elizabeth 67
   Franklin 67
Potts, Emerintha 43
   Jimima 43
Pounds, William W. 48
Powel/Powell, Alen 22
   Edwin 53
   Elizabeth 19
   F. C. 51
   Lutitia 18
   Mary 9,36
   S. M. 51
   Walton 47
Powers, Elizabeth 19
   T. 29
Powley, Caleb 41
Prater, John T. 13
Preston, T. 32
Price, Cullen 66
   Francis 16
   Martha 13
   Mary 37
   Susan C. 59
Prichard, Margarette 36
   Wm. T. 19
Pricket, Jacob 43
Pride, Elnora 46
Primrose, James W. 52
Prince, Olivia 66
Pritchett, D. 22
Procktor, John 6
Prometheus, Daniel 15

Proper, Jesse 2
Pross, Jane 24
    Lucy 24
Pruitt, Kesiah 25
    Mary 25
Pryor, Elizabeth 56
    Robert 56
Puckett, Frances 48
Puffer, Lounda 53
Pugh, Laurence 11
Pursell, Jackson 14
Purvis, William 65
Putnam, John 47

Queen, Dicey 60
    William 12
Quinn, Elizabeth 12
Quinn, Langdon 24
Quisenberry, Wm. L. 58

Rachels, Mary 52
Racols, Kate 49
Radford, Miles 60
Ragen, Ann 64
Ragsdale, S. 32
Rainwater, Solomon 30
Ralston, George 3
Ramey, Elizabeth 50
    Francis M. 50
Ramsey/Ramsy, Joseph R. 64
    Louise 38
Randolph, Eliza M. 3
Rainey/Raney, C. H. 3
    Jane 62
    Joshua B. 60
    Mary 34
    Miller 14
Ransom, Adeline 48
Ransome, James 30
Randit, Mary J. 49
Rash, Levi 56
Ratchford, Joshua P. 64
Rawls, Daniel 33
    Sarah 15
Ray, Cindrella 64
    Sarah 65
Raycroft, Franklin 58
Rdin, Elizabeth 56
Read, John 11
    Josiah H. 4
    S. M. 12
Readwine, Elizabeth 6
Reaves, Thomas 54
Reddy, John W. F. 49
Reece, Mary G. 35
Reed, Susannah 10
Reeves, John A. 23
    John A. L. 42
    Clark T. 42
    George M. 43
    Nancy L. 35
    Tom Thumb 23
    William 11,42
    Wyatt 8
Reeaves, Phebe A. 8
Reese, William O. 65
Reid/Reide, ___ missa
    A. Leonadus 60
    John 38
    Martha R. 60
Reide, Mary C. 7
Reid, William P. 19
Reilly/Rielly, Ann 10
    Hughe 11
    Mary 11
    Rosey 10
    Thomas 10
Rein, John 19
Renfro, Anna 65
Renfroe, Jane 36
    William L. 46
Rentz, Eliza 33
Revell, Susan 57

Revis, James 45
Reynolds, Elizabeth 30
Rhmd, Mary G. 53
Rhoden, Jacob 39
Rhodes, Laziey 58
    Redden 58
    Sarah 14
Rice, Augustus 46
    Charles H. 32
    James 39
Richards, Wm. 16
Richardson, David 59
    Mary 10,28
    Ruth S. J. 31
    Sarah 1,2
    Sarah F. 61
Rich/Riche, Margaret 19
    Mary 8
    John 8
    Joseph 8
Rick, Abiah 22
Ricker, Jane 13
Ricketson, Joseph 64
Riddle, Benjamin F. 17
    James 41
Riese/Rees, Eleth 3
    William A. 44
Riley, Harriet 57
    John 29
    J. M. 19
    Mary 24
Rillis, Russel 13
Rippy, Sarah A. 24
Ritter, ...68
Riviere, John K. 65
Roach, Isam 62
Roades, James 49
Roales(Rooks), James 6
    Margaret 6
Robb, Sarah 11
Roberson, (infant) 43
    Charles J. 12
    Elizabeth 1
    E. S. 24
Robert, Henry 54
    Peter 67
Roberts, Barnett F. 24
    Elizabeth 38
    Green B. 59
    Irvin 55
    Jacob J. 20
    James 60
    John 13,58
    John A. 11
    John W. 5
    Josephine S. 63
    Lawson 23
    Martha E. 38
    Matison 5
    Nancy 66
    Susan A. 30
    Thomas J. 15
    Wm. M. 15
Robertson, John 62
    Samuel 16
    Thos. R. 16
Robey, James 37
Robinson, Elvira G. 46
    Lemuel R. 41
    Thos. 55
Rockford, Mary 10
Roddenberry, George 58
Rodgers, Jas. 51
    Mary A. 49
Rodrick, Mary 49
Roe, Elizabeth 6
    Green 21
    Joseph A. 6
Rogers, Charles 4
    Eliza 24
    George 23
    Georgia F. 35
    J. G. 3

Rogers, cont'd:
    John Thomas 45
    Sarah 55
Rohr, Sarah 11
Rolan, John 50
Rongemire, Wm. S. 33
Roper, Lewis 24
    Martha Ann 48
Rose, W. Sen. 50
Rosier, Jane E. 5
Ross, James M. 61
    Jane 17
    John D. 61
    Mary 55
    Mary C. 20
    Mary Jane
Rosser, Allen T. 31
    Calvin 40
    Jane 40
    Luraney 31
    Moses 31
Rounsavall, Jonah 63
Rouse, James 33
    Mary 33
Roux, Nancy 39
Row/Rowe, Catharine 67
    Mary 54
Rowell, Oliver H. 20
    Oregon 2
    Robert 22
Rowland, Emily 27
Rowlen, Rachel 17
Royal/Royall/Royals,
    Alexr. T. 6
    Elizer C. 20
    Henry B. 20
    H. B. 20
    Sarah Ann 14
    Williana 14
Rozin, Elias 53
Ruals, S. S. 29
Ruble, Ephriam 44
    Mellinda 44
Ruby, M. C. C. 51
Rucker, Caroline 25
    Pressly 19
Ruffin, James 41
Rush, (infant) 41
Rushing, Eliza 4
Rusk, David 13
    Nancy 18
Russell, Emela 57
    Joel T. 63
    Perla 9
Russignol, C. D. V. 9
Rutherford, F.'s (infant)
    63
    Mary J. 62
    Wm. M. 63
Rutledge, Martha S. 28
    McDonald 59
Ryalls/Ryals, Mariah 43
    Susan 58
Rye, (infant) 3
Rylin, James 54
Rytgerford, James F. 63
(above may be Rutherford)

Saddler, Daniel 18
Sage, Mary 28
Sahlman, John 9
Sain, Samuel 44
Salmon, Ephraim 19
Sampkin, Williana 14
Sampson, Roseta 62
Sanders, Catherin 3
    Harriet 40
    James 11
    John M. 7
    Josephine 50
    Mary 41
Sandley, Lucy J. 49
Sandford, Sarah M. 27

Sanford, Benjamin 50
Sannor, Mary 22
Sapp, E. 18
    Emily J. 21
    Everett 5
    James 18
Sasnett, Joseph R. 30
Sasseta, John 61
Sater, Jesse 32
Saterwhite, Mary J. 63
Sauls, Elizabeth 1,60
    Isaac 38
Saulter, P. 18
Saunders, Mrs....46
    Boase B. 6
    Elizabeth 39
    Jesse D. 39
Savage, Sarah 56
Savill, James M. 34
Sawyer, (child) Geo. W. 52
Saxon, B. T. 22
    Margaret 5
    R. H. 54
    Sarah 9
Scags, Norman 52
Scarboro/Scarborough,
    Betsey 37
    D. F. 36
    Matthew 18
    Sarah 40
Schevewell, Gene 14
Schley, Charlotte 35
Schoenline, Caroline 53
Scofield, Martha J. 54
    Robert 54
    Thomas D. 54
Scoggin, G. 12
Scot/Scott, Daniel 36
    E. J. 18
    Frances 58
    Harriet 26
    Henry J. 26
    John 26
    Joseph 18,54
    Maria 58
    Mary A. 8
    R. 51
    Salina E. 12
    Samuel 26
    Susan J. 68
    William 26,45
Scruggs, Jacob 13
    Mahaly 13
    Merida 13
Seak, John 9
Seals, Reuben 52
Sears, Nancy 55
Seay, Dustin 29
    Susan Ann 44
Sears, J. M. 32
Seigley, David J. 16
Sekulchins, Josiah 56
Self, Chappell 33
Sellers, Elijah (infant) 1
    Jacob 20
    Sebron 1
    Mary 54
    ___mond 10
    Vianna 1
Selman, Franklin A. 24
    Margaret C. 24
    Mary A. 23
Sewell, Mary 41
Sessian, Eliz. J. 49
Sexton, Henry A. 1
Seymour, Margaret 17
Seynah, Barnard W. 65
Shackleford, E. A. 41
    Hiram B. 28
    J. C. 41
    Malinda 52
Shaddox, Elizabeth 17
Shadix, Malinda A. 48

Shadowick, Sarah 28
Shady, James 10
    Julia 10
Shaffer, Jos. S. 30
Shamblin, Priscilla 62
Shank, George 67
Sharpe, William 5
Shaun, Jas. Washington 67
Shaw, Amanda 9
    Ann 53
    John 43
    Josiah 51
    Kiker 26
    Martha 53
    Mary J. 53
    Susannah 34
    William E. 9
    Zilla 53
Shealds, Jas. 24
Shedd, Daniel 8
Sheets, Jane 63
Sheffield, Bryant 18
    Mary M. 1
Sheftall, Moses 9
Shehan, Bridget 10
Shell, Elizabeth F. 30
    Thomas P. 23
Shepard/Shepherd/Sheppard,
    Edmund 68
    Jno. Victoria 1
    Milbry 7
    Q. R. 51
    Sion P. 68
    Thos. 51
    William 16
Sherlin, Wm. 55
Sherod, ...68
Sherrell, Lewis 47
Sherriff, Juda 25
Sherwood, Nancy 29
Shields, (infant) 43
Ship, (infant) 62
Shippey, Joseph 45
Shire, Mary Ann 20
Shirley, Rebecca 28
    Sabra 28
    S. M. 28
Shiver/Shivers, Barnaby 65
    Eliz. 49
    Emily F. 7
    Emily T. 48
    Jacob 49
    Judge 19
Shivy, Augustus C. 66
Shockley, Georgia 26
Shoemaker, Sarah A. 16
Short, John C. 41
Shubert, Charles 41
Shurley/Shurly, ...46
    E. 17
    Edward 65
    Missouri 65
    Nathaniel 65
    William 65
Sibly, Amory 52
Sichs, D. 51
Siglar, Joseph 61
Sikes, Ann 58
    Sarah 33
    Nancey 20
Silcock, Wm. F. 63
Simmons, Benjamin 50
    Caswell T. 28
    Creswell 52
    C. W. 63
    Harriet 63
    A. V. 63 James 36
    Jane G. 45
    Mary 47
    Richard 47
    Sarah L. 12
Simpson, Benjamin A. P. 46
    Isabela 34

Simpson, cont'd:
    James Perry 56
    John 53
Simson, Julian 36
Simpson, Louisa 13
    Martha W. 13
Sims, (babe) 15
Simms, Asbery R. 19
    Greenberry 19
Sims, John 18
    L. D. (infant) 14
    Nancy George 1
Singleton, James 32
Sion, H. 51
Sirmons, Jonathon 39
Sisk, Ann J. 44
    Wm. 44
Skelton, Sarah A. 25
Skinner, Bryant 44
    Charles 52
    Edward 11
    Martha 16
    Thomas 5
Skipper, Vaste 3
Skrine, Benj'a. 66
Slade, Harris 66
    James 57
Slanter, E. N. 36
Slantin, Martha 37
Slator, Elizabeth 4
    Martha 4
    Samuel 4
Sly, P. 46
Smallwood/Smalwood,
    Augusta 36
    Green 24
    Nancy 23
Smith, Adeline H. 64
    Alex. 23
    Anna 52
    Augustus M. 10
    Banoni 14
    Barbara 63
    Benjamin B. 60
    Byrd 16
    Celia M. 35,36
    Daniel D. 25
    Darcus 40
    David 47
    Ebenezer 27
    Elisha 1
    Elizabeth 8,15,39
    Eugene 53
    Frances 27
    Indiana 57
    James 33
    James L. 16
    James V. 19
    Jane 13
    Jesse 35
    J. H. 54
    John 4,56,57
    John B. 7
    John D. 32
    John F. 32
    John Irvin 1
    John M. C. 48
    Joseph C. 44
    Lafayette 57
    Lewis A. 10
    Lucius W. 14
    Lucy Ann 2
    Lydia 68
    M. A. 19
    Mariah 2
    Martha E. 40
    Martha L. 38
    Martha S. 45
    Mary 36,39,44,51
    Maryann 58
    Mary P. 35
    Matilda 68
    M. H. 31

Smith, cont'd:
  Milly 19
  M. V. 50
  N. 21
  Nancy 8,9,35
  Nancy J. 41
  Priscilla 52
  R. H. 50
  Sarah E. 17
  Sarah F. 16
  Sophia 39
  Stoddard W. 65
  T. A. 17
  Thomas 30
  Thomas Carroll 1
  Turner 3
  Winny 64
  Wm. A. 63
  William M. 25,30
  William N. 66
Snead, D. H. 31
Snellings, James 44
  John 44
Solomon, John 10
South, Charles 18
  Mabary 6
Souther, A. G. 61
  Chas. 36
Sowel, Simeon 54
Sparks, Benja. L. F. 66
  James A. 66
  Trimble 23
Spear/Spears, Francis 54
  Josephine 55
  Lavina 6
  William 35
  William L. F. 48
Speed, James 50
Speight, Allen C. 32
Spell, James R. 20
Spencer, ...22
Spence, Sarah J. 21
Spencer, Mary E. 48
Spigers, James 45
  Samuel 45
Spinx, Mariah 41
Spivey, Demarius 39
  Nancey J. 20
Spratlin, Jno. 67
  Mary 23
Sprayberry, Andrew 18
Sprigg, Gilead 8
Springer, Oriman V. 5
  Webster A. 5
Springs,...54
Stafford, Charles A. 44
  William 45
Stalins/Stallings, James B. 43
  Letty 8
  Martha 43
Stamps, Elihu 7
  Moses 7
Stanaland, Andrew 6
  Henry S. 58
  Margaret 6
Standbridge, Baile 26
Stanfield, P. 31
Standley/Stanley, Edward R. 36
  Julian A. 37
  Sintha 42
Stanton, C. 12
Stark, John C. 49
Starr, John 52,53
Staten, Winfield C. 30
Statom, Robert 33
Staturn, Pamelia 54
Steadman, H. C. 22
Stedevant, P. P. 59
Steede, Marcus A. 15
Steel, Martha Ann 27
  Sarah 56

Steen, William 19
Stephens, Cassy 68
  Frances 13
  Henry D. 40
  James B. 36
  Lucinda 26
  N. 31
  Stephen B. 25
Stephenson/Stevenson,
  Ann 16
  Dyonecus 16
  Sarah C. 13
Sterling, Mary 28
Stevenson (see Stephenson)
Stevy, Laury 30
Steward/Stewart, Benj. F. 62
  Collumbus 44
  Henry 46
  John 34,48
  John B. 17
  Priscilla C. E. 30
  Thos.' (infant) 56
Stickey, M. 51
St. John, James 60
Stokes, Dr. J. 32
  Margaret 8
  Samuel 49
Stone, Daniel 64
  Robert 33
  Thomas' (infant) 64
  Thomas M. 59
Stoodley, Robt. 52
Storey/Story, Georgianna s. 48
  Hiram L. 16
  M. E. 55
  Tempy 33
Stowfield, James D. 52
Strain, Isaac 5
Street, Ashley W. 30
  W. C. 40
Strickland, Elizath. 34
  Emily 38
  Harriet 8
  James 64
  Jesse E. 63
  Julia 57
  Sarah L. 41
Stricklin/Strickling,
  Ezekiel 41
  Martha 29
  Reubin 18
Stripling, Georgia C. 36
Strobel, Benj. B. 2
Strong, William W. 59
Stroup, Solomon F. 26
Strozier, William L. 41
Stuart, Wm. 24
  Wm. J. /infant 28
Stubbs, Ann 66
  Aurlin(Austin) 3
  John M. 24
Sturdivan, Eliz. 49
Suber, Sarah E. 41
Sucky, Mary 32
Sugar, Nancy 40
Sugraves, Hardy 40
Sulivan/Sullivan, Jane 33
  Julia 11
  Michael 33
Sumerford, Henry 33
  Sarah 68
Sumner, Anna T. 16
Summerlin, J. 31
Surry, Allen F. 15
  Mary E. 15
Sutten, Henry 20
Sutton, George C. 67
  John J. 39
Swan, William 35
Swann, Mary T. 50
Swanson, Robert C. 47

Swearingen, John 53
Sweat, Martin W. 64
Sweetman, Lavina 59
Swift, Ann 32
  Rhoda 25
Swinson, Sarah 44
Swint, Edmund 65
Syler, Wm. H. 63

Taft, Alvin F. 15
Talbird, Margaret E. 10
Talbot, Mary L. 67
  Sophronia 7
  Williston 55
Talmadge, John 14
Tanner, Elizabeth 60
  Sarah A. E. 66
Tapp, Nancy 12
  Robert B. 12
Tarpley, Edwin 68
  E. J. 67
Tate, Margaret 43
Tatum/Tatumn, Elizabeth 17
  Hardy H. 17
  Selena A. 26
Taylor, Daniel P. 28
  George D. 5
  Green L. 65
  John 3,10,20,55
  Joseph 51
  J. W. 31
  Littleberry 27
  M. E. 17
  Moses C. A. 1
  Nancy 20
  Richard J. 32
  Sarah M. 49
  Silas 26
  Synthia A. 44
  William 46
  Wm. David 1
  Z. 47
Teague, Jinsey 26
Teal, Geo. D. 31
Teasdale, William 10
Teasly, J. E. 22
Teddlie, Elizabeth 1,2
Tefft, Henry D. 9
Tenwiler, L. D. 51
Terrell, Wm. A. 16
Terry, Cass 44
  Jas. 55
Thacker, George 46
Thedford, (infant) 62
Thies, Charles A. 38
Thomas, Eliza. A. 19
  Elizabeth 50
  Emily 26
  H. 18
  James 57
  Mary A. E. 37
Thomaston, Mary 7
Thomson/Thompson, Ann 16
  Caroline 67
  Charles 28,29,35
  Elijah 64
  Emry 39
  Falby J. 65
  James 24
  Jane 43
  Jeremiah 22
  Jerry W. 47
  John 64
  John's (infant) 64
  Jonathan 8
  Josephine 59
  J. W. 32
  Martha E. 13,63
  Mary 12
  Mary E. 49
  Mary L. 23
  Moses 35
  Priscilla 54

Thompson, Sarah C. 15
   Sarah F. 59
   Seabourn 35
   Solomon W. 45
   William 65
   Wm. P. 35
Thornton, Elizabeth 48
   Henry C. 42
   James T. 30
   Lucretia 45
   Margaret 31
   N. W. 55
Tickett, James G. 46
Tillery, Hosanah 38
Tindale/Tindall, Celia A. 14
   James 5
   Lourania 5
   William 5
Tinsley, Charles 2
Timmons, Mary J. 13
Tippins, E. N. 13
Tipton, John 63
Todd, (infant) 40
   Thomas B. 40
Toland, James 3
Tolbert, (none) 40
   Elijah R. 40
   John R. 15
Tomisson, M. S. 49
Tomlin, Lavina 19
Tommy, Oliver P. 30
Tompkins, Ann 35
   James M. 5
Toop, Daniel 33
Tootle, Martha 21
   Shadrack 65
Touchstone, Jeremiah 4
Towns, John T. C. 34
Townsend, Martha 23
Townsley, Robert W. 32
Tracy, Cynthia M. 26
Trammell, Sarah 7
Trapp, William 57
T_rasy, Rela W. 54
Traylor, Nancy 61
Tremble, S. A. 32
Treuet, M. E. 51
Trice, E. 49
   L. 49
   S. 49
Trimble, John 59
Trippe, Julia C. 30
Tripplett, Parlee 44
Tritt, Amelia B. 30
Truelove, Landon 29
Tucker, Elizabeth 8,56
   Martha 54
   Polly A. 8
   Infant of R. C. 63
Tufts, Francis 36
Tuggle, James 35
   Leroy 55
Tundee, Paleria 56
Turner, B. 32
   Eliza P. 67
   H. 32
   James 23
   Mary J. 41
   Mourning 5
   Samuel B. 31
   S. M. 4
   William 47
Turpin, Charles M. 54
Turrentine, Geo. W. 46
Twiggs, John 61
Tye, John 44
Tyner, Henry H. 63
Tyns, Elizabeth 30

Ulm, Augustus 38
Underwood, J. 32
   Maria A. 9
   Nancy 23

Upchurch, C. 31
   Elizabeth 28
   H. 32
Usher, Mary A. 2
Ussery, Sarah E. 67

Vance, Cornelius 16
Varner, Federick A. 34
Vaughan, George W. 27
   Hannah 43
   Robert 35
Vaughn, E. 22
   H. 22
   John 7
   William R. 28,68
Vaught, Elizabeth A. 26
Veal, Susannah 27
Vicker, Mary M. (Mc) 17
Vickers, Mary 37
Victory, Mary P. 49
Vinson, James 60
   Wm. 34
Vinyard, Allen 28
Vondereu, Alonzo P. 47

Waddle, Delila 42
   John 7
Wade, Dicy 19
Wadkins/Watkins, ... 40
   America 30
   Ben 15
   Dedemiah 34
   Dicy A. 36
   Drew E. T. 33
   Elizabeth 43,45
   Sarah 56
Wagner, F. 11
Walden, J. D. 37
   Marcus C. 35
Waldross, R. M. 17
Waldrum, Mary 23
Wales, Tabitha C. 42
Walker, Adeline 8
   Catharine 56
   Charity 61
   David 7
   E. A. 13
   Elizabeth 38
   Emily 50
   Mary 18
   Mary S. 33
   Samantha 61
   Sarah 47,49
   Sarah A. 26
   William L. A. 65
Wall/Walls, ...22
   (infant) 2
   Austin W. 41
   Harriet 62
   Lydia 60
   Pertha 60
   Thomas B. 62
   Wm. 41
Waller, ...27
   Martha 67
Walravin, Archibald 14
Walsobrook, Jesse 19
Walston, Henry 59
Walters, John, Jr. 46
   John, Sr. 46
Walton, Richard 53
   Thomas J. 53
Wamble, Narcissa 55
Wammack, Sophronia 35
Ward, E. L. 50
   John E. 10
   Mariah 50
   Mary 5
   Sarah 50
   Wm. 21
Wardlow, G. W. 49
Ware, Samuel D. 43
   Sarah J. 43

Warn, Thomas 22
Warnock, Elizabeth 4
Wasdon, James L. 24
Washam, M. 51
Washington, Elsy 53
   Robert 15
   Sarah E. 6
Water, Thomas 45
Watkins (see Wadkins)
Watsin/Watson, Allis W. 32
   Feaby 20
   Letty 20
   Mahala 58
   Mary 42
   R. 12
   (infant) of W. J. 38
Watts, Amandy A. L. 7
   Archibald 22
   Greene H. 7
   Leonidus 42
   Milton 36
   Rebecca J. 8
   S. 18
   Saml. 12
   Susannah 57
   Thomas S. 59
   William A. 3
Waunell, E. 22
Way, Mary C. 38
Wayne, Clifford D. 9
Weatherford, F. Freeman 13
   Henry J. 14
Weathersbee, Mary A. 36
Weatherly, William 5
Webb, Alexander F. 34
   Elizabeth 28
   M. P. 21
   Richard T. 45
   Sarah 16
Weeks, Margarette A. J. 35
   Philip 48
Weems, M. F. 45
Wells, Anderson 29
   Edy E. 27
   Esom 8
   Martha 58
Welsh, R. W. 37
Wemo, John 57
West, Celia 17
   Isabella V. 60
Westbrook/Westbrooks,
   James 46
   Mary 56
   Thomas 25
Wetherington, Curtis 39
Whalen, Michael 10
Whatley, James 59
   Sarah T. 23
   Tamesy 59
Wheat, James J. 48
Wheatley, Ann C. 67
Wheatly, Rhoda 67
Wheeler, Carolina 1
   Geo. 62
   Isaiah 63
   Jessee 21
   Martha 66
   Mary 55
   Sarah Ann 52
Wheelis, Tebitha 48
Whetler, Henry 9
Whiddon, E. 18
Whitaker, Mary 2
   Simon 23
Whitchel, Elizabeth 13
White, Abigail 44
   Allice 10
   Daniel 5
   Edwin 54
   Elizabeth 64
   Jesse 34,64
   Jno. B. 8
   Mary 41

White, cont'd:
   Mary 41
   Rebecca 27
   Sarah A. 40
   Sarah C. 7
   Thomas S. 36
Whitehead, Mary A. 5
   Sarah 3
Whitesides, Sarah 27
Whitfield, Lucinda 39
   Silus 39
   W. S. 49
Whitington, P. Al 17
Whitlock, Alfred 57
   Lessia A. 37
Whitmin, Henderson 29
Whitmore, Mary 13
Whittle, Barsina J. 62
   Harriet G. 41
Whitworth, Isaac 28
Wicher, Feriba 35
   Margaret 35
Wicker, Nathaniel 66
Widener, Durham 44
Wier, Saml. 13
Wiggins, Alexander 23
   Alfred 23
   Mary 41
   Ophius C. 23
Wiggs, Daniel 51
Wigley/Wigly, Clarisy E. 44
   G. W. 29
   Judith 45
Wilder, James 59
   Martin S. 59
Wilerford, C. T. 17
Wilkerson, Alexander 42
   Martha 47
   Martha J. 37
   Mary 39
Wilkie, George A. 13
Wilkens/Wilkins, Isaac 25
   Mary 6,24
Wilkinson, Mary A. B. 49
   Sarah 39
Willey, James E. 59
Willford/Williford,
   Henry L. 64
   James N. 43
Williams, Adaline 1,42
   Andrew J. 25
   Barbara 47
   Catharine 53
   Charles 53
   Charlott 47
   Edwd. 52
   Elisha 60
   Eliza 42
   Elizabeth 68
   Frances 40
   Henry C. 48
   Isaac 46
   Jane E. A. 62
   John 36,39,47
   John J. 42
   Mainy 52
   Margaret 28
   Martha 55
   Mary 66
   May 60
   Miner 15
   Pleasant 14
   Sarah 11,65
   Thos. 27
   Thomas J. 48
   Virginia 56
Williamson, (infant) 16,33
   Francis 16,61
   Iverson 30
   John 34
   . L. 34
   Martha 16
Willingham, Ann 46
   William 35

Willis, Mrs....53
   Charles 21
   Emma J. 38
   Joel S. 48
   John 57
   Joseph 53
   M. T. 22
Wilmot, Thomas T. 9
Willson/Wilsen/Wilson,
   Amos 10
   Anaias 9
   Elizabeth 25
   H. M. 2
   Isaac M. 15
   James 43
   John 38
   John P. 61
   Lewis 47
   Malvin 19
   Marcellis 6
   Mariah 15
   Martha 47
   Mary 8
   Mary A. 13
   Mary Ann 30
   Rachel 29
   Redley 8
   Samuel 20
   Sarah 45
   Sarah F. 33
   Susan 42
   Thomas 1
   Victoria 41
Wimberly, James P. 32
   Joshua 34
Winborn, Georgia A. 34
Windzer, Sarah 54
Winfrey, Edward 14
Wingard, Alexr. Jasper 1
Wingate, William 32
Wingfield, James 67
   Mary R. 67
Winn, Berrien 58
   Eliza 38
Winslow, Thomas S. 10
Winter, Wm. M. 53
Wise, James W. 16
Wiseman, Isaac 37
   J. N. 51
Withrow, John 26
Wolfe, Robt. 21
Wolly, John Walker 1
Womack, Mary 42
Wood/Woods, Anna M. 33
   Augusta 2
   Edmon 29
   Geo. 12
   Mary 66
   Mary A. 19
   Olydia 21
   Robert 15
   Sarah 17
   S. C. 59
   Wiley J. 2
   William 60
Woodard, James 32
   Martha 43
Woodbridge, Grafton 9
Woodham, Georgiann 61
Woodin, A. H. 19
Woodson, Rebecca 33
Woodward, John T. 20
Wooly, Sarah M. 38
Wooten, Lemual 67
   Martha 12
Wooter, Richard B. 62
Worley, Watson 26
Worrta, Elizabeth 57
Worsham, Sarah 41
Worthy, John 13
Wright, Abram 37
   Ambrose 36
   Asey's (infant) 60
   Cephas 27

Wright, cont'd:
   C. R. 60
   George 11
   Lucinda C. 15
   Margaret L. 7
   Martha 26
   Mary 60
   Wm. R. 50
   William W. 47
Wrguhart, Turning W. 15
Wylly, Edward 9
   Fanny 11
   Thomas 12
Wynn, Douglas 27

Yancy, William 7
Yarber, William F. 65
Yarborough, F. 50
Yerty, John 60
Yonge, Lutitia 40
Young, Abram 16
   James R. 54
   L. A. 44
   Mary 57,63
   Mary J. 56
   Peter 12
   William 15,39
Youngblood, J.' (infant) 60

Zachry, C. P. 43
Zeller, W. 21

#

Omitted:
Reid, ___ missa 14

No last name given:
....., Infant 16,17,

....., Adeline 37
   Almira 59
   Alsey 27
   Amanda 59
   Boling H. 42
   Caroline 21,23
   Charity Jane 25
   Charlotte 12
   Clark T. 42
   Deamon (infant) 62
   Dominic 16
   Elviner 68
   Elizabeth 66
   Emmely 21
   George F. 66
   Horatia 6
   James 21
   Jane 66
   Jinny 67
   John 59
   John A. L. 42
   Julia M. 23
   Lousiana 27
   Lucy 57
   Margaret 57
   Marion 21
   Martha 16
   Mary 58
   Missouri A. 68
   Noah 66
   Patency Ann 68
   Patrick 3
   Sarah M. 66

www.ingramcontent.com/pod-product-compliance
Lightning Source LLC
Chambersburg PA
CBHW031427290426
44110CB00011B/555